佛洛伊德與李維史陀

—動力人類學和結構人類學的互補、貢獻與不足

Angel B. Espina Barrio　著

石雅如　譯

中文版出版序

在西方文明發展進程中產生了許多思想家、哲學家與智識份子，他們帶給西方社會與文化許多重大的影響。這些人致力於分析理解這個星球上居民的生活、風俗慣習、家庭與人類，當中尤其重要的是關於人類學的課題。並不是所有的學者受到大多數人重視與傾聽，更不可能獲致相同的成功與社會尊榮。而我認為當中真正理解人性，並深入明瞭人類的偉大與問題之處，即為本書的兩位大師：佛洛伊德與李維史陀。

在距本書初稿完成二十年後的今天，儘管兩位大師的立論並非完美，有些作品甚至被認為不足且空泛的，但是他們對人類學領域的影響不但重要，更可說是西方二十世紀最傑出的理論之一。

只有極少數的學者能像他們以如此權威、精確的角度深入寫出關於人類家庭、性別、亂倫禁忌、社會性象徵主義、神話等等研究。

以今日的眼光檢視過去，儘管他們的理論在發展演繹中變動不已，但是若以嶄新觀點來看，他們從那時便已為我們打開新視野，諸如：孩童的性向、潛意識、父系世與母系世、婚姻為家庭團體的互惠關係、親屬邏輯，還有夢、儀式與神話的內在進程與解析等等。這些都是兩位大師從心理學、哲學、西方歐洲的人類學研究中所獲致的成果。上述的觀點，所有投身人類學領域的研究人員都應該深入學習，不管身處在東方或是西方；也就是說，所有想理解那些被視為蠻荒或原始「部落」的

生活、傳統、慣習的人，都應該要加以研究。

　　這項研究最後將會影響我們，進而理解自身所處的生活與文化，因為，曾經發生在別人身上的終將也發生在自己身上，別人做過的我也可能做過，誠如大師的經典語彙：「我既身為人，則所有發生在人的事對我來說絕不可能是他人的事」。

　　十六世紀西班牙殖民美洲的史學家們已經斷言，人類只有一種，是唯一的。但是，要給這個唯一下定論是多大的困難啊！幾乎是不可能的。法律之前人人平等，但是生活形式卻是如此的不同。今天我們想要認識，想要生活在智識、對話交流與共生的多元文化與宗教生活中，需要「北方」與「南方」合作，「東方」必須與「西方」學習相互理解與尊重。

　　也許藉由兩位大師之手可以讓我們朝向這方向邁進，因為他們知道，其作品分析中佔根本支配的是理性，人類並不是全部，更不是最重要的。上述這些觀點幫助我成為人類學家。最重要的是，我希望有更多的人，不論是身處多遙遠的國度，都能經由此書幫助他們面對多元文化與風俗，深入理解不同緯度的部落，並溫熱地球上的共同生活。

Angel Espina Barrio

于薩拉曼卡（Salamanca）大學，2005 年 2 月

序言

　　如同德國社會分析家馬克思史切勒（Max Scheler）所確信一般，史上沒有任何一個時代如同今日世界的人類這樣深奧難解。現在本人極為榮幸為各位介紹本書的作者艾教授（Espina Barrio），就像馬氏所言的人。艾教授進行極為困難的研究工作，將現代人類學的兩位大師匯集人類科學的重要問題進行一場超時空的對話，如同親屬架構的研究、神話學、象徵主義、自然與文化的關係或是野性的思維及西方人眼中的原住民狀況等等，無疑對解決現今人類的重要問題開展一道曙光。

　　本書透過分析佛洛伊德及李維史陀最具代表性的作品，闡述佛洛伊德的動態人類學與李維史陀的結構人類學，我個人認為，此書對動力理論與結構分析的沉穩解析，對人類現況的完全觀點，有兩大重要斬獲，首先是以潛意識基礎和人類的情緒關係的詮釋手法，以及擴展一般性社會及結構體系對個體分析的框架。

　　關於心理分析研究，作者採用遺傳學方法，其中有三大貢獻特別值得一提：進化論對佛洛伊德人類學的影響，將象徵解釋為人類關係的媒介，以及最後的，艾教授的文化心理分析觀點——建立一個人類不再是「感官動物」的新社會。

　　誠如作者推論，佛洛伊德人類學分別由四個神話人物代表的四大概念組成：愛神，死神，安奈克和邏各斯（聖子耶穌）。這四個人類生命動力的象徵，表達佛洛伊德對人類文化與生命不安定平衡的觀點。儘管不能否認十九世紀的進化論觀點對其

所造成的阻礙，佛洛伊德的人類學觀點仍然揭示人類社會及文化範疇的新里程碑。不同於一般的悲觀主義論調，艾教授恰到好處的詮釋佛洛伊德對文化的概念，固然發現消極層面的存在，但是更加堅定其對於充滿因襲主義和約束的社會中，積極建立「新人類」的基礎。愛的力量和合理化的勞動——愛神和邏各斯——可以將人類從安奈克與死神魔爪操弄的強制性社會階級與戰爭的逼迫中拯救出來。象徵的力量，可以讓人類成為自由社會的造物主，相反的若是錯誤的掌控將導致負面影響，便可能成為感官動物。佛洛伊德人類學對人類的未來懷抱堅定的理想與希望，前提在於人類必須平衡本能與集體壓力，並積極運用豐富大量的「性」本能與隱含的創造力。

根據艾教授的觀點，李維史陀的人類學觀點乍看之下並非如此積極正向。對人的解構課題方面，李維史陀跳脫不出純粹方法論的戰略。李維史陀缺乏對象，只好採用蘇格拉底式的方法論，除了求諸己，尋找需要的內容，同時還從其他部落的內在尋求。但是，李維史陀關於人類學是難以超越的負面看法和佛洛伊德所見相同，正如著名的博柯(Foucault)所言：「『心理分析人類學』和『自然人』的概念藉由民族學加以復原，只不過是同情性的貢獻。心理分析和民族學兩種科學是在解構人類的……我們現在斷言人類的終結…人類的結局是不幸的且潰不成軍的…無論如何唯一可以肯定的是：人的問題不是最古老的，人類知識更不是恆定不變的。人類才創造不久，但是即將終結[1]。」

---

[1]　傅柯（M. Foucault.），1971年。《文字與事物》，Siglo XXI 出版，墨西哥，頁 368 和 375。

　　先前所提及的挑戰激勵艾教授尋找解決現代問題社會，對於人類深化的重要概念。

　　關於李維史陀人類學的遺傳起源研究，艾教授特別強調：第一、李維史陀以社會結構範圍表達社會的壓力，是潛意識結構的直接表現，精湛完美的延展佛洛伊德的理論。佛洛伊德與李維史陀的理論相符之處在於：處理親屬關係與亂倫禁忌的比較方面，尤其是佛洛伊德之於血親與李維史陀對於姻親的思考步驟上。

　　作者研究兩項「原始思維」的重要概念：圖騰與神話。兩項重點透過圖騰組織與神話故事強調語法的結構規則，進行確實有效的結構分析。儘管李維史陀的解釋手法強調故事的句法分析形式，忽略了神話的動態立體觀點，然而其詮釋方式與卻正好與夢的心理分析類似。而這個神話分析的結構觀點，正好由佛洛伊德關於遺傳學與語義學的概念加以補充了。

　　正如同作者的推論，佛洛伊德與李維史陀兩人的人類學研究基本觀點有著深層的接觸點，或許可說是構成整本作品的基礎核心：親屬關係與神話。艾教授認為，這些相接點的出現是**由於自然—文化關係**，正是兩種人類學的基本重點。就我個人的淺見認為這正是本書的最終看法。

　　象徵、夢與神話屬於相同的人文範疇，卻在西方的哲學歷史和人類學史中被忽視；在詭辯中產生自然——文化二分法。神話第一次被應用是被當成教學素材，柏拉圖則將之歸類於哲學。柏拉圖對話錄中，將普羅米休斯用於解釋「兒童教育」的構成，也就是說：城市公民的成形與城邦中的藝術共存。關於這則神話艾教授也加以分析，並藉以提出李維史陀結構分析中

的理性與不足之處。普羅米休斯是人類文化藝術充滿創造力與可塑性的象徵代表，藉由神話內容可獲得關於人類的根本觀點。但是詭辯家們忘記這個根本，將蘇格拉底與柏拉圖的理性概念視為人的本質，如尼采與海德格（Heidegger）。

為了彌補這個被遺忘的「新人類」人文主義觀點，艾教授在佛洛伊德與李維史陀的著作中找到了替代想法。自然與文化以及當代人類的分裂，都可藉由社會關係與人的內在範疇中，充滿想像力與創造力的新人文主義加以克服。必須尋找一個新的關於人的概念，誠如奧堤加（Ortega）在其著名的面對「自然人文」捍衛「歷史」的宣言中所提：「說到人類，我們必須採用一個非艾雷亞（Elea）的概念，就像應用一個非歐基理德的幾何學一樣。海克利斯耕耘播種，豐收的時刻已經到了[2]。」

一個被肢解的人類他的臉是破碎不全的，必須將人類無能的印象加以破除，想像力是未來人類的創造新地平線的動能。在佛洛伊德與李維史陀的人類學觀點裡，人類表現出對死亡的憂傷，但是人類不但沒有死亡，並將永存於世間。他們的結論是：必須捨棄古老的理性主義觀點，必須尋找新的人類概念，尋找新的普羅米休斯。就像莫蘭（Morin）所言：「現在正在死亡的不是人的概念，而是關於人的孤立心態，包括切除自己跟自然的關係。必須死亡的是人類對自我理性的庸俗崇拜心態…此外，人類不能自我窄視以及合理化人屬觀點。同時必須注意到還有神話、舞蹈、歌誦、歡喜、愛情、死亡、狂浪不拘和運

---

[2] 奧堤加（J. Ortega y Gasset），1983 年。〈歷史如同體系〉，《完全作品集》VI 卷，Alianza，馬德里，頁 34。

氣[3]。」

　　艾教授所揭櫫的新人類最佳象徵就是普羅米休斯，而這也是佛洛伊德和李維史陀人類學的觀點。

Pablo García Castillo

薩拉曼卡（Salamanca），1989 年 12 月

---

[3]　莫蘭（E. Morin），1974 年。《迷失的典範：遺忘的天堂、生物人類學》篇章。Kairós，巴塞隆納，頁 227 及 235。

佛洛依德與李維史陀
──動力人類學和結構人類學的互補、貢獻與不足

目次

導論

　　從時間上來看，佛洛伊德（Freud）及李維史陀（Levi-Strauss）兩者對於彼此理論的交互作用似乎頗有距離。然而，在經過謹慎的思考後，兩者的理論相似處卻讓人有意想不到的廣度及深度。從另一方面來看，佛洛伊德最終作品於 1938 年完成，而李維史陀的第一件作品於 1936 年面世，兩者之間的時空距離明顯縮小。

　　本書針對李氏及佛氏的學說中與人類學觀點相關之處進行系統性研究。筆者以為，至少放眼西班牙語界，沒有其他的作品以人類學和哲學經驗作這般重要的分析研究。個人認為，這份研究適足以彌補人類學史上的空缺，尤其是對兩位大師有關人類觀念的想法。

　　我們可以說，有關佛洛伊德對人類的推論十分氾濫，但卻苦無研究將其觀念畫出一條清楚明白的界線。這個研究企圖建立一個佛洛伊德人類學派，我們可以稱他是強調進化史觀的動力學派。

　　另一方面來說，與佛洛伊德人類學派緊緊相扣的即是李維史陀的結構人類學觀念。這位比利時作家對人類的觀念，神秘的隱藏在他諸多人種學的研究裡。這位人類學史上首位結構人類學家，他的人種學理論中心如下：親屬研究、圖騰主義、象徵主義和潛意識社會學等。而這些理論也正是佛洛伊德在二十世紀前半期試圖建立學說的重心，只是後來的結構思想家僅能

略為發展新方向，少有創見[1]。

從題目的相似到無法忽視的時代因素，佛洛伊德與李維史陀的思想之間的確存在著明顯的關聯，本人將對其進行建設性的批評，嘗試由兩者間的相互推衍，找出人類學思想的源起。

上述方法論除了可避免迷失在兩大思想家廣大的作品集裡，同時在一個連貫性的架構上可以兼顧組織與結構。幾乎在所有的章節裡，尤其從第二章開始，存在著相似的架構。在每一章的第一節，闡明佛洛伊德的理論——如親屬架構（第二章），圖騰主義（第三章），語言象徵與神話（第四章），人類專題（第五章）；在每章的第二節則是李維史陀的思想論述；每章末尾，則是由本人專文論述兩者學說的一致性與爭議點，並加以補述。我不從一開始就將兩者學說混雜，如此一來讀者可以清楚兩者間的立場與態度，也不會產生造做兩者相似的錯覺[2]。

關於李維史陀的人類學研究，有些人或許會反駁早在六、七〇年代已完成[3]。儘管上述斷言在未進入評價這些學說之前，

1 　這些題目我已經系統化調查佛洛伊德及李維史陀並在本書末之附錄。詳細參考書目大綱如下：佛洛伊德的人類學、李維史陀的人類學、伊底帕斯癥結、文化及感官限制、愛神—死神二分法、系統發育—個體發育、哲學與李維史陀、佛洛伊德與李維史陀、亂倫、李維史陀學派的潛意識、神話、親屬結構、潛伏時期、反常、壓抑、象徵、昇華、圖騰、我。

2 　若讀者有意預先認識上述章節撰著，可以參照書末所付有關佛洛伊德及李維史陀類同書目。有些類比未盡相同，依照不同作者的偏好有時甚至會有分歧。因此，有些章節的結構性不強，終成我所指明的三方模式。

3 　最著名的研究有 Y. Simonis 所著《李維史陀》或題名《亂倫的情慾》，大眾文化出版，巴塞隆納，1969 年。F. Remotti 的《李維史陀的人類學》，A. Redondo 出版，巴塞隆納，1972 年出版。在西班牙文方面有：P. Gómez García 的《李維史陀的結構人類學》，Tecnos 出版，馬德里，1973 年出

的確有其道理存在，但是我應該從現在開始強調，我的研究絕非如上述僅止單方面的理論，而是雙方面的思考：心理學及哲學。

此外，透過時間點與流派的變化（這裡所指的是結構主義者），至少我們可歸納出兩大優點。首先，我們可以認識歷經結構主義洗禮後的文化人類學派，其中尤其突出的是象徵與親屬結構。其次是談及李維史陀截至今日尚未完成的作品《神話 IV》。談到李維史陀於 1973 年的《遺囑》，有些人認為這個作品過於粗糙。關於批判這位現代民族結構主義的創始者的寶貴作品有：《寬廣的視野》（La Mirada alejada）、《鑒於文字》（Palabra dada）、《善妒的陶工》（La alfarera celosa）、《由近由遠》（De cerca y de lejos）等。雖然美其名為評論集，但實際上卻沒有真正對相關理論造成衝擊。這些作品在我的研究中極受尊敬，事實上也對我的研究有一定程度的幫助，尤其在驗證李維史陀派理論中的變異與不變處。這樣看起來似乎幾近改變這位人類學家，作者喪失了原本最前進的見解—此處所指乃關於**本我的不存在與個體的無意義**。基於相同理由，李維史陀的作品近乎動力心理學（psicología dinámica），尤其在起始點幾近相同。心理分析學派當然不是李維史陀唯一接受影響的，然而對於心理學派及結構主義兩者緊密類似處，我將在最後推論出心理分析學派乃此位結構人類學家深受影響的理論之一。

全球有關兩位思想巨擘的作品繁多，這也是我在研究過程

版；以及，J. Rubio Carracedo 著，《何謂人類？結構學家的挑戰》，R. Aguilera 出版社，馬德里，1973。末位作者剛結束有關李維史陀精神遺囑的作品。

中最難處理的部分。關於佛洛伊德，我多參考關於社會科學領域的西班牙語版本書籍。儘管書末所附的參考書目看似眾多，卻可以說僅只是有關這位作家浩瀚專書、論文或短篇中的取樣罷了。這些取樣基於以下諸標準：對人類學極為重要者（尤其是文化）以及與我的研究中心最相關者（佛洛伊德與李維史陀的關聯性）。就如同我剛剛提及的，雖然不及佛氏，但該位比利時人類學家亦屬多產。為方便西班牙籍讀者查閱，所有相關參考書集皆以最新版本為主。

我希望這本作品可以對最近的人類學史有所闡明，並將兩位偉人的思想與其相關人類學派，經由全新的觀點介紹推廣於世。

第一章　觀念導引

1、佛洛伊德人類學派的可能性

　　民族學派與心理分析學派的匯集衍生出一個廣闊的領域，其所爭論的問題多為人文科學的重心。早有融通兩個領域的學者將其研究專注於文化及人類的共通問題，彼此間的交互作用及結果…[1]，但是相反的，今日卻正大量的衍生相關於這個領域的問題。這些有關結構主義的問題，從另一方面來看，正好回復到佛洛伊德有關圖騰主義、神話及文化的觀點[2]。

　　然而，結構主義應該特別強調一個超級難題。那就是有些作者斷然否定心理分析人類學的可能性，但是這卻反而促進了民族學與心理分析學派的結合。以傅柯為例[3]，他實際上反對全球人類觀點，並斷然否定在此範圍內的人類學學說，儘管如此，他認為**潛意識科學：並非人類在其意識下，而是人類在知的狀**

---

[1]　其中特別強調者有卡丁納（A. Kardiner），《個人與其社會》，FCE（墨西哥 1945）；佛洛姆林頓（E. Fromm），《現代社會的心理分析》，FCE 出版（馬德里 1979）；佛洛姆林頓（R. Linton），《文化與個人》，FCE（墨西哥 1975）； R. Levine，《文化、行為與個人》，Akal（馬德里 1977）等。

[2]　佛洛伊德的作品：《圖騰與禁忌》（1913）、《群眾心理分析與本我分析》（1921）、《文化的不適應》（1930）。本人有關佛伊德作品的參考資料來源：《佛洛伊德作品全集》，新圖書館出版（馬德里 1973）。此後有關這個作者作品皆為此版本，我將只題其名及原始年代－參見書末附錄－及相關頁碼。

[3]　傅柯，1971 年。《語言與事物》，SigloXXI 出版社（墨西哥 1971），頁 367-368。

態下逃脫他的意識[4]。

遑論是否接受一個鮮明的人的概念，心理分析學派剛好為民族學及人類學找到一個適切的途徑。

另一個難題就是，如何解決與心理分析學派全然相反的結構主義作家們對該領域的體認：他們是否能適切的詮釋心理分析，抑或是無法避免曲解？

有些人主張心理分析學派側重在問題的判定，正因為如此，其理論架構便無法正確的詮釋文化與人類的議題[5]。這個罪名又稱為缺乏科學精神，一直以來是心理分析學派的原罪。但是我認為這個批判有失公平，因為以方法論的角度來看，心理分析學派比起其他的學派，如：現象學，更加純正且客觀。心理分析學派將許多觀念聯結，建立意義與語言學的鏈結，並觀察其關聯性，在未釐清事實前不妄下斷論。秉持客觀公正，並反覆使用上述方法進行自然地推論；不過並非每次都用同樣方式。在詮釋佛洛伊德開創先河的這個難題，我偏好呂格爾（P. Ricoeur）的結論，他的言論就像對於佛洛伊德學派陷入膠著狀態的反動，完全顛覆馬克思、尼采及佛洛伊德所創的知識[6]，他對佛洛伊德學說的闡釋可以視為複雜人性中的些許留白，我們可以了解並預言他的論點不僅止人類學觀且兼具全球觀。

一旦突顯開始的兩大困難點——**缺乏目的性與方法論**——接下來要說，基於歷史觀點，將這人類學派取名為心理分析學

---

[4]　傅柯，前揭書。

[5]　A. Polaino-Llorente，《眉批佛洛伊德人類學》，Piura 大學（祕魯 1984），頁 16-23。

[6]　呂格爾，《詮釋學與心理分析》，Megápolis 出版（布宜諾斯艾力斯 1975），頁 72。

派或更甚之稱為佛洛伊德學派。首次出現此學派稱謂是在 1915
年羅海姆（G. Roheim）所倡，儘管比佛洛伊德出版*圖騰與禁忌*
還早兩年[7]。事實上羅海姆在他的作品中僅止於延續並兼容上述
作品的人種史論資料。其所面對的最大困難其實是十九世紀進
化論、海格爾的生物遺傳準則，以及傳播遺傳理論[8]。

　　這些學說的建立乃肇始於對文化與個人之間相互影響的假
設。這是首次連貫結合心理學及人類學雙方力量，這正是心理
分析學派有關個人特質的形成與行之於各個文化體的幼年期、
家庭、親屬結構以及制度之間的關係[9]。

　　許多傳播主義及本位主義的人類學家懷疑心理分析理論，
多半口頭稱頌勝於相信。以潘乃德（R. Benedict）為例，在日
神型及酒神型二分法模式底下[10]，她認為文化與意識的結合是
必然的，此外還有米德（M. Mead）。這位從事對薩摩亞眾多家
庭模式的研究者，她認為只要鄙棄藝術家天才、巨大的人格特
質，隔離性別或文明排他性，對性別的控制，避免青春期的騷
動，偏離羅曼蒂克愛情或青少年對於性經驗的遐想，甚至出生

[7]　參見 Véase P. A. Robinson，《左派佛洛伊德》，Gránica 出版（馬德里
　　1977），頁 77 及 82。
[8]　參見拙著〈佛洛伊德人類學的兩大基礎：文化及其象徵〉，社會事實手
　　冊 25-26，1985 年，頁 69-84。之後在圖騰主義該章，我將提到遊牧部
　　落的神話及弒父的起源及其必然性與拉馬克（Lamarck），《傳播遺傳理
　　論》。
[9]　N. Yampey，《文化的心理分析》，Paidós 出版（布宜諾 1981），頁 13。
[10]　潘乃德（R. Banedict），《人類與文化》，Edhasa 出版（巴塞隆納 1971），
　　97。關於日神型及酒神型的對立原始出處，請參照，尼采（F.
　　Nietzsche），《Die Geburt der Tragodie，Die Werke in drei Banden》，Hanser
　　Verlag 出版，I，頁 77-134。

或死亡等等，以上這些問題都可以解決[11]。

　　包括功能學派的主要代表人物，馬凌諾斯基（B. Malinowski）及最強悍的反對者羅海姆，都難以避免受到心理分析學派的影響。他關於伊底帕斯癥結普同性的爭論[12]，現在我們看來都是次要且邊緣化。此外，研究人類一般性特徵以及過度將文化小化的危機，就羅海姆的看法，儘管他不接受西方模式的思考以及文化臨床解釋，他也認為伊底帕斯癥結具有普同性[13]。

　　關於潛意識跟文化之間的關係，最正宗看法絕不可能脫離由佛洛伊德所領導的路線。我們可以在德維赫斯（D. Devereux）的看法中獲得解釋。德維赫斯是羅海姆的信徒，是心理分析師也是人類學家，他的專長在於解決科學問題之間的關係，他提供我們關於此困境的解決方法：「互補完整性。」他用很短的篇幅告訴我們民族學跟心理分析方法儘管為兩種不同且不能調和的方法理論，卻具有極其相似的內容。心理分析方法是從個體，也就是從「下」研究人格和其對文化的影響；而民族學則是從「上」研究不同文化及其對人格的影響。他們的結論是分庭抗禮的，但也是互補不足的。他說：

---

[11] 米德，《薩摩亞的青少年、性別與文化》，Laia（巴塞隆納 1981），頁 110、189-190、195 及 201。

[12] 關於這個課題馬凌諾斯基認為，母系社會以 Trobriandesa 為例，衝突並非存在兒子與父親，而是存在表兄弟跟舅舅之間。見馬凌諾斯基，《原始社會的性與壓抑》（中譯本為兩性社會學），Nueva Visión（布宜諾 1974）頁 148-149。

[13] 關於馬凌諾斯基跟羅海姆的爭論，推薦 M. Harris，《人類學理論發展》，SigloXXI（馬德里，1978）頁 368-375 尤其第 370 頁。羅海姆在許多作品中都闡述伊底帕斯癥結的普同性，其中特別在其作品心理分析與人類學，Sudamericana（布宜諾 1973）頁 11、14 及 564。

「假使所有的心理分析師準備一份完整的，關於性本能、慾望和醫學臨床所揭露的幻想清單，這張清單的內容將和民族學家從所有信仰，以及所知的文化行為建立的清單內容一模一樣[14]。」

這種模式將避免個體方法的運用和社會臨床的錯誤，但是卻可以將兩種規則結合，開闢新的研究路線，諸如：民族認同、慣例與夢境的關係、異文化的涵化等等。我將在第二章親屬關係與潛意識的基礎上再論這個具有啟發性的觀點。

比較近代的我們可以看到法國心理分析師孟德爾（G. Mendel）就父親的角色之於社會和象徵的矛盾性的有趣研究[15]。

文明、原理原則及工藝技術，上述這些都是幫助人類面對具侵略性的大自然，這個充滿敵意跟危險的母親，所創造出來的調解工具，表現出其正面觀點的父系象徵；又或者像一個惡毒的父親、一位閹割者、游牧部族的酋長，壓抑著兒子的性本能[16]。

孟德爾指出，自舊石器時代以來父親的角色便有內化發展，其動機在於期待**父親的真正死亡，就如同消除伊底帕斯欲望的幻象實現**[17]。其實不需要後天遺傳特性的理論來解釋潛意識內容，因為象徵符號和社會文化的原理原則便自有一番詮釋。

---

[14] 德維赫斯（G. Devereux），《民族與心理分析的互補完整性》，Amorrortu（布宜諾 1975），頁 77。

[15] 概括許多佛洛伊德眾門徒的重要理論：愛德勒、榮格、克林等等。他們並非純粹佛洛伊德的信徒，其中要特別強調榮格，關於象徵、原型概念及集體潛意識的觀點，他對文化的傳播及起源的推論缺乏一貫性。

[16] 孟德爾（G. Mendel），《反叛父親》，Península（巴塞隆納 1975），頁 91、156、183、275、315、334、346。

[17] 孟德爾，前揭書，頁 401。

　　孟德爾企圖建立一個社會心理分析學派,不但包含個體與家庭心理的範疇,也注意到存在多數社會勞動原理的權力遊戲。他試圖揭發一些社會統治階級的假面具,發現純粹的政治衝突可從幼童家庭心理層面加以解釋。這項由政治朝心理層次的逆轉,是由權力的分配不均整理而來的[18]。和馬克思的賸餘價值學說一樣,發現資本主義對勞工工作報酬的欺騙;或如同馬庫色,揭露對社會沒有必要的昇華作用[19]。孟德爾也想揭示上層階級掌握了下層階級的幼兒性加以領導的「權力的賸餘價值」。但是,在這個簡短的歷史性回顧之中,孟德爾的作品中最重要的貢獻在創造領導人類學及心理學的新概念:部分的社會起源在於潛意識,集體潛意識構成總體社會等等[20]。當然,小心謹慎總是不可少的:不可減少由社會到心理的解釋,反之亦然。

　　在這章一開始我有提到,造成心理分析人類學的浪潮可歸因於李維史陀這位結構人類學的代表人物。這正是本研究的核心課題,可以透過兩位重要人物探視結構主義與心理分析學派的相似性。我要強調這種相似關係發展至今,有如拉康等人擴增心理分析學派範疇,將潛意識研究視為意義關鍵,其最深層的文法規則可能就是亂倫禁忌,也是我們將在最後一章提到的重點。

　　近來關於文化與人格的研究有脫離心理分析人類學始祖的理由,他們降低原始遊牧部落與死亡的本能等潛能的假設,如

---

[18]　孟德爾,《社會心理分析 I》,Amorrortu(布宜諾 1974),頁 19、34、50。

[19]　馬庫色,《愛慾與文明》,Ariel 出版(巴塞隆納 1981)。

[20]　孟德爾,前揭書,頁 15。

美國文化研究學派的卡丁納、佛洛姆（E. Fromm）和荷妮（K. Horney）等人[21]，有的發展特殊稀奇的研究，遠離了心理分析的本質，往往流於極端簡化的物質主義，像是懷廷和華勒斯[22]。

　　如馬庫色所言[23]，兩者都擅自改編了佛洛伊德的真本論文，但是這種方式有些很快就江郎才盡。但是千萬別被這種顛覆誤導，對正統的佛洛伊德產生觀念的混淆，以為會有更豐沛的心理分析人類學派可以支持。別像那些重新審議聖書的神學，嘗試在「時間的符號」裡發現折衷的古文解釋。但是另一方面來看，這種精神是令人讚賞的。這種對佛洛伊德的反動，慢慢的失去衝勁，在今日呈現出需要恢復原始直覺的論調，也許該是說他們小心翼翼的以平易近人的假象毒害著社會大眾[24]。

　　正如 A. Caparros 所說，倘若想要戰勝以往的辯證法來重新審視佛洛伊德的作品，應該集合佛洛伊德學派當中科學主義者

---

[21] 參見之前註釋關於卡丁納及佛洛姆的作品部份。荷妮，《現代精神官能人格》，Paidós 出版（巴塞隆納 1981），頁 18-22、66-67、72-73。關於這些美國文化心理分析觀點曾有強烈的回響，J. Rof Carballo，《生物學及心理分析》，Descleé de Brouwer（畢爾包 1972）頁 61；或馬庫色，前揭書，頁 215-244。

[22] 對這些學者的評價可參見 C.J. Crawford，《心理人類學－文化的人格研究》，Anthropos（巴塞隆納 1983），頁 41-45。

[23] 馬庫色，前揭書，頁 291-251。呂格爾，《佛洛伊德：一個文化的解釋》，Siglo XXI（墨西哥 1975）頁 55-59。有太多的學者作家討論這個問題：阿佩爾（Apel）、佛赫若拉斯（Fougeyrollas）、哈伯瑪斯（Habermas）、拉康等人。想要有概括性的了解可以參閱 A. Armando，《顛覆佛洛伊德：神話與事實》，Paidós（布宜諾 1975）頁 29-55。

[24] 「佛洛伊德的理論被排擠，但是卻以千萬種面貌深入社會，並非沉浸在我們說的精神心理分析，而是一種變種，膚淺且瑣碎的心理分析形式。他們幫助了許多大眾視為心理分析專家的作者成名，如佛洛姆之流。」J. Rof Carballo，前揭書，頁 61。

和哲學傾向者[25]，延續一些明確的目標。而這也正是本研究的目的之一，結合心理學方法與哲學評論觀點，正如以李維史陀為例的人類學。

回到標題所要闡明關於結合人類學與心理學，令人惋惜的是今日很少人耕耘這個研究領域[26]。其實從某些觀點來看，這個研究領域可以獲得很大的發展跟許多有趣的結果。佛洛伊德的理論在這個範疇裡具有功能性，任何一種最新發展的理論都無法擺脫他的影響力[27]。任何再難以捉摸的心理人類學架構內的研究，都必須從佛洛伊德人類學開始。但真有存在佛洛伊德學派的人類學嗎？答案是肯定的。儘管結果往往是肯定他的存在，但是這個問題勢必引起爭論[28]。對此保持懷疑態度的多半是一些唯科學論跟正宗論的佛洛伊德信徒。今日早已脫離心理分析學派排他主義論者企圖遮掩的**離題抽象**心理學時期，人類學家的首要價值，應是持續揭露人類多重的陰暗面[29]。

---

[25] 「顛覆佛洛伊德應該設想一個連結科學跟人類哲學，兩個違反佛洛伊德本意落入危險的平行思潮。」A. Caparrós，《佛洛伊德的人類學思想》，於 J. Sahagún Lucas 及其他作者的《二十世紀的人類學》，Sígueme（薩拉曼卡 1976），頁 55。

[26] 對心理人類學的界定，可見 G. Devos，《心理人類學》，Anagrama（巴塞隆納 1981）。或 J. Crawford 的心理人類學，《人格與文化》。

[27] Crawford 如此談論 R. Levine 的新理論，他說：「Levine 的架構有三大本質，他回到佛洛伊德和達爾文的原始作品，並結合心理分析和生物學提出新的理論；至於文化人格部分，則應用在行動觀察的研究中。」J. Crawford，前揭書，頁 15。

[28] 例如，對心理分析的一般性說明：「假若人類學企圖解釋人類與其所屬的世界，尤其是有關動態社會的領域範疇，無庸置疑的心理分析已跨出診療室圍牆，成為我們研究人類的一種方式。」J. L. Camino，《心理分析可以建立人類學派嗎？》Psicodeia II，1975，頁 5。

[29] 相同的看法可見 A. Caparrós，前揭書，頁 39。

　　這些路線企圖對制訂佛洛伊德人類學理論提供小小的貢獻，但是前題是要加以實踐。截至目前，雖然偶有為之，但這學派沒有獲得應有的對待[30]。有鑑於此。我特別注意到佛洛伊德接受文化人類學的影響，並以此塑造重要的原理假設。此外，上述的工作也幫助我在以下章節對李維史陀的比較研究中得心應手。

　　有一些課題，如：自然、文化、象徵等等，繼續成為現代人類學（結構主義、象徵學派和認知論）的重心。這些相關論點都受到佛洛伊德人類學派的獨特影響。所以我認為，這位心理學派的創始者在人類學史上確實佔有一席之地。

2、佛洛伊德精神心理學的人類學概念

　　基於兩項主要動機，我想有必要對標題的概念進行一個簡單明瞭的解釋：

　　a.為了接下來切入討論有關佛洛伊德人類學的相關架構。

　　b.為了讓讀者對往後章節的內容發展有一般性概念，之後毋需另加解釋。

　　在佛洛伊德出現之前的心理學一直是靜態科學，其研究目

---

[30] 參見一些西班牙學者力挽狂瀾的實踐內容：A. Caparrós，《佛洛伊德的人類學思想》，原文，頁 38-57；C. Castilla del Pino，《心理分析與馬克思主義》，Alianza，（馬德里 1979），頁 109-155。馬庫色，〈馬庫色思想對佛洛伊德人類學的反響〉，心理分析與政治學，Penísula，（巴塞隆納 1972）頁 7-38。E. Freijó Balsebre，今日人類，Kadmos（薩拉曼卡 1976），頁 113-129；A. Polaino Llorente,《眉批佛洛伊德人類學》；J. Rof Carballo，〈心理分析人類學〉，《進化論》，BAC（馬德里 1974），頁 1071-1074；〈生物學及心理分析〉，頁 15-209。包括前面提及的有趣研究，A. Vázquez，佛洛伊德與榮格，兩個不同典型的人類學家，Sígueme（薩拉曼卡 1981），頁 121-264。

的鎖定知覺意識。但是在他之後，從物理運動跟力學的觀點來看，可稱之為動態心理學。因為他不止研究知覺意識，還聚集「力量」推動參與心理作用。這項概念是從「外部的」心理器官的觀點開始，他的意思在表達這個器官的某些裝置（現在稱之為系統）應該有其特別代表意義。這項受人注目與一般人的概念截然不同的創造發明，導致有些學者稱佛洛伊德是「人類學家的話題人物代表」[31]。

隨著時間的過去，由於佛洛伊德沒有排他甚至可以說呈現出互補的特性，有兩個「話題」持續發展。第一個「話題」出現於 1900 年[32]，即是三個明確的條件要求：

意識，或是心理器官周圍接收資訊的系統，不論內在或外在都可以察覺本身的主體意識。

前意識，並非全為知覺意識，可由回憶或回想獲得的記憶痕跡，從某些方面來看是經由知覺意識加以處理的。

最後的一項定義是**潛意識**，根據心理學大師的敏銳思索，特將其兩項偉大研究照原文逐字逐句翻譯如下：

「潛意識的運用意味著將非現行知覺意識領域內容概念加以集合，他的意思並非局部(描寫)，換句話說，前意識的系統內容與潛意識之間的執行並沒有區別。

潛意識的運用是佛洛伊德在最初的心理裝置理論框架下明確的稱呼用詞之一，這個由於受到壓制所促成的名詞，是關於受壓抑的行動與前意識—知覺意識系統的相關通路[33]。」

---

[31] E. Freijó Balsebre，前揭書，頁 115。
[32] 佛洛伊德，《夢的解析》，原文，頁 670-680。
[33] J. Laplanche 和 J. B. Pontalis，《心理分析字典》，Labor(巴塞隆納 1981)，

　　第二個「話題」於 1923 年問世[34]。儘管應該是不真實且矛盾對立的,「它」源自於衝動與侵略力量的集合,為尋求滿足快感的直接衝動本能。情感的抑制,是佛洛伊德一向的原始觀點。也就是說,除了受壓抑的內容之外,還存在著其他潛意識內容並未受到壓抑[35]。就是這些未受到壓抑的內容形成「古代遺傳」或是我們從祖先那裡接收的重要心理事件痕跡。這些痕跡被稱為「它」,藉由遺傳傳播。我們可以這個遺傳形式用來解釋宗教及文化形貌。這個觀點,由榮格發展出一套類似的看法,構成他的人類學觀點中最弱的一環。

　　由**我**誕生出「它」,應該是由於外在事實,也就是社會與文化接觸所衍生出來的。因為「它」的需求所造成的基本衝動要與外在事實環境共存,必須要有延緩衝動的能力,至少是暫時性的延緩(由外在事實壓制快感的追求)。但是「本我」並不在知覺意識的範圍內,況且它的艱難課題在於必須提供三個不同的「主人」滿足感:

　　「從另一方面來說,本我是個受到三重束縛和危險威脅的可憐東西,它們分別是來自外在世界、本我的衝動本能和嚴厲的超我[36]。」

　　超我是由個體或孩童經由所生存的社會文化規範內化或同化所形成的。這種同化是藉由兒童對其父母的認同所產生的,

頁 193。

[34] 佛洛伊德,《「本我」與「它」》(1923),原文。整部作品都在談論這項主題,但是特別在 2704-2716 頁,詳見 2708 頁。

[35] 「我們可以看出潛意識並未完全受到壓抑。所有的壓抑都是潛意識,但是不是所有的潛意識都受到壓抑。」佛洛伊德,前揭書,頁 2704。

[36] 佛洛伊德,前揭書,頁 2726。

由外在世界轉變成兒童內在心理接納，被「它」所影響的社會所建立的秩序規範。然而，**超我**本身有部分是潛意識，並與亂倫禁忌的慾望所造成的罪惡感相關連。對母親的性慾望與對父親的敵意相衝擊，加上遺傳發展史的禁忌，造成「伊底帕斯癥結[37]」。克服此癥結的決定性因素在於兒童對父親產生認同感，「超我」的成形，並與社會及文明規範調和[38]。人類學在這個概念方面還有發展的潛力。

這個「話題」的觀點只是銜接佛洛伊德學說的眾多可能架構之一。對於本能理論的看法，不在其生物性質，而是傾向物理（身體）與心理的連結。換一種方式來說，因為器官的需求引起心理壓力，推動個體尋求滿足需求並結束壓力的解決途徑。這種推動過程佛洛伊德稱之為**衝動本能**[39]。

本能理論的形成有三個階段。第一個階段是在 1905 年[40]，佛洛伊德論及兩種衝動本能：

　　—性衝動（性本能），由快感所支配，不需要生物性先決條

---

[37] 關於「伊底帕斯癥結」請參考，佛洛伊德，〈兒童精神官能症史之「狼人」案例〉，1914，原文，頁 2007-2008。〈心理分析課題導論〉，1916-1917，原文，頁 2250。〈「本我」與「它」〉（1923），原文，頁 2713；〈解構伊底帕斯癥結〉（1924），原文，頁 2748-2751；〈壓抑，病症與痛苦〉（1926），原文，2868。

[38] 「儘管超我已有相當程度的發展，但『它』還要面對伊底帕斯癥結的後遺症。誠如我們已經說過，經由『它』的系統發展，放掉其剩餘，進而新生關係面對本我。」佛洛伊德，〈「本我」及「它」〉，原文，頁 2721。

[39] 「衝動＝由壓力構成的動態過程（負責力量與動能性因素），推動有機體循求解決途徑。根據佛洛伊德的說法，衝動的來源有肉體的刺激（緊張狀況）；衝動的起源在達成消除緊張狀況的目的。」J. Laplanche 及 J. B. Pontalis，前揭書，頁 324。

[40] 佛洛伊德，《性學三論》（1905），原文，頁 1221-1222。

件，其目的具多樣性，與身體部位（性器官）的功能相關連。此外，佛洛伊德認為有一種能量是由性衝動所轉變產生出來的，稱之為：性力（音譯里比多）。

一本我衝動（自衛本能），由事實所支配，尋求內在與外在的協調平衡。為對抗性衝動的個體自我防衛機制。

第二個時期是 1914 年[41]，佛洛伊德改變里比多理論，認為除了個人（自我的里比多或自體觀）還有外在物質里比多（物力）。

最後的改變是在 1920 年[42]，包括物質里比多和生命本能的自體觀。後者又稱為對抗死亡本能的戀愛本能。死亡本能傾向摧毀並完全清除壓力的存在[43]。後期的心理分析對死亡與侵略性相關領域，正如對性的反抗，儘管不是全面性敵對，但對解釋諸如性虐待等精神異常狀況有重要的幫助。

正如我們發現到，性與死二元論在人類學領域佔有一席之地，我們將在後面的章節討論[44]。

這種演變可以從「經濟」觀點切入，繼續佛洛伊德的理論[45]。

在結束這段之前，我想簡明扼要的解釋從佛洛伊德的作品

---

[41] 佛洛伊德，〈自體觀引論〉（1914），原文，頁 2017-2033。

[42] 佛洛伊德，〈快感之外〉（1920），原文，頁 2523-2541。

[43] 「依照經驗來看死亡是沒有例外的，我們內在必須接受所有的人都必死亡的事實，可以說生命的目的在於死亡。相反的我們也認為，無生命是生命的開始。」佛洛伊德，前揭書，頁 2526。

[44] 要釐清性與死的概念，參見佛洛伊德，前揭書，頁 2526-2527。〈「本我」與「它」〉，原文，頁 2717 及 2720。〈自傳〉（1925），原文，頁 2790。

[45] 佛洛伊德於 1921 年補述的〈快感之外〉，原文，頁 2540 中對性力理論的演進有簡明的介紹。

中表達他對性的發展的觀點[46]。在這個觀點當中，我們可以見到個體發育與人類發展史的重要文化階段有極為類似的過程。

在口慾期，性圍繞著食物的功能作用，以嘴巴為性器區，當開始長牙就與虐待及侵犯產生關聯。之後，在成年時期，就社會性定義來看，當表現出明確的特質，出現不同且多樣的性特徵。包括可以不同的行為舉止表現出性本能的變形（親吻、抽煙、多話等等），都是基於相同的理由[47]。

肛門期，以肛門為性器區，開始第一項禁忌，第一次與社會的衝突：括約肌的控制[48]。這個時期也可以確定以後產生的性心理疾病特性[49]。

在性器期，孩童開始將注意力放在陰莖，或是心不在焉。兩性已開始基本的區分，對母親的亂倫慾望受到壓抑，發生伊底帕斯癥結；對父親及兄長的領導產生的敵意，發展出佛洛伊德稱之為潛伏時期的另一階段心理歷程。這個階段決定個體與社會的融合，性能量在這個時候做了一項轉變（昇華作用），藉由教育及文化方式壓抑成無性慾。經由認知其性別學習應有的行為舉止，孩童此時完全認同父親，以及自己在社會的地位。這個時期的研究顯示出許多本能都由潛意識而來，但卻大多未

---

[46] 佛洛伊德，《性學三論》（1905），整部作品都在發展他的性進化論，特別集中在 1195-1215 頁。

[47] 佛洛伊德，前揭書，頁 1200。

[48] 「開始注意到外在世界對其衝動本能的敵視，其他周圍的人對其本身可能的快感進行首次（壓制）。肛門在這裡象徵禁忌，所有一切從這裡開始分道揚鑣。」佛洛伊德，前揭書，頁 1203。

[49] 肛門期屬於演化過程的本能，就性而言，我們的文化教育意義都是無用的。可因此辨認一些成年人的守秩序，重經濟以及韌性等特質，都是幼兒時期肛門欲求不滿進而昇華的特點。佛洛伊德，〈肛交特質〉（1908），原文，頁 1355。

受到重視。我只要指出這個時期跟日後一些無法擺脫的習性相關，以及父親角色的重要性，假設說佛洛伊德真的將這個「性生活癱瘓」的因由歸於種系發展，但是在他生命的末期，他也發現到這個時期在其他的文化當中並非如此強烈存在[50]。

最後是青春期，又恢復前面其他時期的進化歷程。最後超越亂倫角色，以占**支配地位的性徵**性別角色的姿態，在無法脫離的社會框架中獲得滿足。

在清楚明白了這些觀念，我們現在要引論另外一位學者的作品與觀點。

3、李維史陀與哲學—人類學的爭論

哲學不能擺脫哲學家本身主觀意識的問題。所有哲學推理與人類學對人的概念具有一致性。這個觀念就整個西方思想史而言是正確的，時至今日，在康德（Kant）與費爾巴哈（Feuerbach）的作品中更顯示它的重要性。人類學，除了哲學外，還包括許多其他範疇，如美學、倫理學和自然神學等等。

二十世紀的人類學思想，回歸重視希臘時代思潮，當然菲烏巴赫的人類中心主義例外。哲學人類學的源起並非偶然，主要的代表學者有：舍勒（M. Scheler）、巴伯（M. Buber）、傑蘭（A. Gehlen）等等[51]。

---

[50] 關於潛伏期，見佛洛伊德，《性學三論》，原文，頁1230-1231；〈自傳〉，原文，頁1778。在1935年的作品中他提及潛伏期沒有普同性。在〈壓抑、病症及痛苦〉（1926），原文，頁2849-2850及2869，稱潛伏期為「不可避免的儀式」。在2872-2873頁闡述此時期的種系發展。

[51] 這個學說開端於1929年，當舍勒出版他著名的講座報告人在宇宙中的位置，Losada（布宜諾1980）。此外，巴伯的《人是什麼》?FCE（馬

31

　　假使同意人類學具有哲學的反響，那麼其逆向關係又如何？要成就一個優良的人類學，哲學究竟是阻力或是助力？

　　十九世紀中葉，由於進化論的影響，開始發展另一個經驗主義人類學派，集中對種族從事以人類文化的研究。這個範疇的一個支派力圖擺脫哲學的軀幹，稱之為文化人類學或民族學，試圖貫徹多一點嚴謹的資料少一點抽象（如：語言學、經濟學和人口統計學等）[52]。就演進史來看，這個從事於研究非西方的社會及文化，尋找最奇特或具異國風情的地方，抑或在人類學者眼中是十分「原始」落後的村落。對於「奇異」的、變化的、外圍的遙遠知識興致高昂，讓這個年輕的學科與哲學漸行漸遠。

　　就我的觀點，對照哲學與人類學的交互影響，有兩大重要因素。首先是對新規範的需求不同。或許我們應該說是對新規則的貫徹程度，進而產生不存在的屏障與阻礙。這個觀點讓哲學蒙受許多年輕科學幾近名譽掃地式的尖酸刻薄批判。當一個研究者對其宗旨與方法有明確的知覺意識，對展開研究並不需要感到害怕，另一方面來說，經常都是自己嚇自己。但是也不能推卸將固有的束縛加以革新的責任；此外，另一個落入衝突的因素暗示著哲學的偏見支配著我們，便是排斥哪些非我族類的「退步」思想。蘇格拉底的「認識你自己」，如此合理且富饒的哲學概念，卻由於面對外來不熟悉事物的錯誤偏見造成負面

　　德里 1979）或是傑蘭的《人類:其自然與在世界的位子》，Siguéme（薩拉曼卡 1980）等作品中。

[52] 這個人類學分支是由體質人類學開始的，其發展方式與民族學如出一轍。

的回應。基於這個理由，除了希臘的西羅多德和羅馬的達悉多曾有小小的紀錄，整個地中海地區幾乎不存在任何對「野蠻民族」大異其趣又低賤卑微的生活或習俗的研究。這個概念一直從中古世紀延續到近代，一直到與美洲部落的文化碰撞後為之改觀[53]。總之，哲學家們繼續注意那些先進觀點，和在「浪峰」已然成形的進步理論，關於原始世界，尤其是思維方式，都認為是不理性、幼稚或是神話罷了；一言以蔽之，哲學好不容易突破重重困難，怎可輕易回頭。理性的哲學要面對自身的矛盾與對立，飛越宇宙觀、神話學及原始思維和生活方式。

　　我們將提及的李維史陀，身處在哲學與人類學的論戰中，扮演著思想家的角色。他的思維看起來似乎傾向民族學排斥哲學，但關於人的理論立場卻不排斥任何一方。也許民族學不過是要反映最純粹哲學的必經之路[54]。但是這樣就可探查出李維史陀的**哲學**人類學，看似不可能,但卻絕非不可行。李維史陀自己承認對哲學放棄是基於個人理由大於智識理由[55]。或許直覺知道將在巴西度過一段不尋常的未來，一個年輕的哲學教授將其遠大抱負封鎖在法國，逐漸改變。在新世界沉迷其地理與人們，當然包括其中的悲慘景象，引領這位學者進入民族學的領域，在一個遲來的禮讚中（1978）他自己坦承：**成為一個人類**

---

[53] 我們很榮幸的介紹研究非基督教西方世界先驅的同胞 Bernardino de Sahagún 神父。要認識神父對阿茲提克文化的研究，請參見其著作《新西班牙事物全史》，共兩卷，Alianza（馬德里 1988）。另外法國虔誠教徒的 J. F. Lafitau 對北美易落魅印地安人的有趣著作也一並推薦。

[54] 呂格爾亦持相同看法，《古文詮釋學與結構主義》，原文，頁 36 及 44。

[55] 「但是，個人隱約感覺急速厭惡而放下哲學，緊抓著民族學，仿佛它是我的救命稻草一般。」李維史陀，《憂鬱的熱帶》，Paidós（巴塞隆納 1988），頁 57。

學家並不是因為對人類學有興趣，而是為了遠離哲學[56]。

他面對哲學的態度極為矛盾。一方面他的知覺意識是由哲學構成，但是對現象的概念卻傾向接受他稱之為「確切的思想」或「正確的邏輯」的科學知識。他說：**科學總可以找到答案，但是它的解釋往往又帶來新的問題。因此，我並非「科學主義者[57]」。**

從另一方面來看，這項對哲學小化是有其邏輯也好，是科學哲學也罷，但是排斥傳統思維模式幾近不合理。

當這位學者堅持放棄哲學的立場，並不需要探究生物性的影響因素，他自動修正成為人類學家的理由，事實上是針對歷史、文化和辯證法則等。他只說不再絕對堅持，藉以突顯他的計畫價值：在一定的範圍內尋找可能的規則及結構。他的工作加強堅實了民族學與哲學區別的知識，但是我並不認為必須捨棄哲學。

4、李維史陀所接受的影響

讓我們仔細思索李維史陀成為人類學家的來由。李維史陀從未隱瞞他所接受的影響，他的作品充滿引述其他作者的例證，但是通常都不是對他思想影響最深遠的，也非那些對他具有決定性影響力的評論與批判。我們先一方面來看馬克思對他的影響，另外再看心理分析方面另有其人。像是為了證明他的博學多聞，許多主要作品都有具相當代表性的獻辭：

《親屬的基本結構》由摩根及泰勒的句子作為開始，表示

---

[56] 李維史陀，《神話與意義》，Alianza（馬德里 1987），頁 29。
[57] 李維史陀，前揭書，頁 32。

對此英國人類學家的敬意，之後的章節內容，透過芮克里夫布朗和馬凌諾斯基，處處表現李維史陀深受影響[58]。

《現今的圖騰主義》，由孔波特（A. Compte）的句子作為開端，突顯邏輯的普世價值，有趣的在後頭，充滿哲學思想的**《野性思維》**裡，有柏格森（H. Bergson）[59]。

法藉知名作家梅洛龐迪和巴札克也出現在他最具哲學的作品裡，用於一般性結構主義的說法當中[60]。與梅洛龐迪截然不同立場的沙特，也出現在一段對哲學的引語：

「每次當社會學家（但他所指的是人類學家）追溯其知識的源頭，用以理解最遙遠的文化的構成，就是哲學[61]。」

下面是李維史陀的看法：

「在我們的觀點，與其外表相反的具有嚴密的哲學方法，讓民族學突出卓著的是社會學[62]。」

就我們所看到的，這個觀點與他多年以來（1978）抱持的哲學觀念是如此不同！

最後讓我們以他最近代的作品《廣闊的視野》[63]（1983）來做結束，我們可以看到引述盧梭跟杰科卜生的內容。對李維史陀而言，盧梭是促使他建立人類學制度不可少的功臣。不枉

[58] 李維史陀，《親屬的基本結構》，Planeta（巴塞隆納 1985）。
[59] 李維史陀，《現今的圖騰主義》，FCE（墨西哥 1980）。關於 Bergson 的內容參見 133-144 頁。
[60] 所指的作品正式李維史陀的《野性的思維》，FCE（墨西哥 1984）。
[61] 蒐集梅洛龐迪的作品，是從李維史陀在 1960 年於法蘭西學院教授社會人類學課開始的。見李維史陀，《結構人類學 I》，Paidós（巴塞隆納 1987）。括號內的文字是李維史陀所加。
[62] 李維史陀，前揭書。
[63] 李維史陀，《廣闊的視野》，Argos Vergara（巴塞隆納 1984）。

被李維史陀視為人類科學的創見者[64]、民族研究的理論推動者，他對李維史陀的影響可從他論及「主觀意識」的理論看出。至於杰科卜生，從李維史陀缺乏結構語言學派的表現，可看出是他的門生。

　　儘管我們不遺餘力的證明影響李維史陀的重要前輩，但是並未全盤盡納，我們不能停留在這種分析層級。

　　李維史陀思想至少橫跨四大領域：社會人類學（英國及法國）、語言學、馬克思主義和心理分析學派。

　　關於第一個領域，我們已從前面提及的英國學者可以看到對李維史陀的影響，他們許多都是文化人類學的創建者，可是，李維史陀與法國人類學派較為契合。從李維史陀面對人的問題的處理方式，可以見到涂爾幹的影子，大多是社會學觀點[65]。另外李維史陀從牟斯獲得社會潛意識的概念，牟斯的作品「禮物」，更讓他得到以物易物的規則，從其《**親屬關係的基本架構**》可見其影響[66]。

　　第二個領域是語言學，提供其分析社會及文化問題的方法。尋找矛盾對立或關聯，以及隱藏其中的文法規範、社會事實及其表現的規則。上述這些僅用於意義的思索，也就是說與人類象徵符號相關的時候[67]。沒有人不知道李維史陀的作品應

---

[64] 李維史陀，〈盧梭——人類科學的創造者〉，於《結構人類學 II》， Siglo XXI（墨西哥 1979），頁 37-45。

[65] 參見李維史陀，「民族學歸因於涂爾幹」，結構人類學 II，原文，頁 46-50。

[66] 牟斯，〈關於禮物的篇章〉，《社會學與人類學》，Tecnos（馬德里 1971），頁 155-268。關於李維史陀對牟斯的評價，可見此書由李維史陀為其寫的序言〈牟斯作品引言〉，頁 13-42。

[67] 這個觀點影響本世紀的人類學哲學家卡西勒（E. Cassirer）關於人的概念如同「動物象徵」。卡西勒，《哲學人類學》，FCE（墨西哥 1974），

用音位原則結構於人類學。但是這種認識太過簡單，因為語言學的影響逐漸的展現在李維史陀的身上。1945 年，在十多年的田野工作後，他發表了〈語言學及人類學的結構分析[68]〉明確顯示出語言學無疑的影響。自此以後，他的研究調查極理論應用都脫離不了語言學，就像是一個中心思想，我們可以從他的作品看出：

　　—親屬名稱彙編《親屬關係的基本架構》。

　　—人類族群的命名《現今的圖騰主義》。

　　—動植物的初級分類《野性的思維》。

　　—神話的語言《神話 I 至 IV 卷》、《善妒的陶工等》。

　　—面具的語言《假面的歷程》[69]。

　　此外，我認為不能夠完全抹去李維史陀於文化研究領域複雜的應用症狀學。以他處理親屬關係和薩滿主義等為例，都有跡可尋；儘管是居於從屬地位，但是他所有的作品都有索續爾的影響，主要透過圖貝特寇（Trubetzkoy）和杰科卜生而來[70]：**人類藉由象徵與符號溝通；以人類學而言，人與人之間以對話溝通，所有的象徵與符號視為兩對象的中介物[71]。**

　　馬克思主義對李維史陀的影響，較之於前面幾個領域似乎不夠清晰。事實上這個思潮應該是引領他主要的方向，曾住過南美的知識份子很少人可以擺脫這個影響；除了解釋波羅羅[72]

頁 49。

[68] 李維史陀，《結構人類學 I》，原文，75-5。

[69] 見書末參考書目。

[70] 杰科卜生及何利（M. Halle），《語言的建立》，Ayuso（馬德里 1973）。

[71] 李維史陀，前揭書，頁 28。

[72] 李維史陀，《憂鬱的熱帶》，原文，頁 215-268。

（los Bororo）社會組織之外，並沒有確切應用到理論或實踐研究。也許，確信隱含著支配社會生活的規範，並從民族工作中看透「語法的秘密」，是馬克思主義對李維史陀最大的影響[73]。

脫離文化物質主義分析、生態潛力研究和文化人口統計，李維史陀認為：**歷史資料與社會生活意識相關，民族學與潛意識條件相關**[74]。李維史陀與索續爾的靜態結構主義結盟，使歷史與結構不能並存[75]。李維史陀知道自己的選擇，並忍受歷史辯證法的錯誤，很快的被週遭的馬克思主義者揭發出來。

李維史陀的心理分析層面與馬克思主義成雙配對，而佛洛伊德以另一種方式談論個體及社會的隱藏面。此外，與李維史陀相同的思索，心理分析學派認為最不合理的表現形式，如：失敗的舉止和前邏輯行為，都是意味深長的。當然，需要一個揭露出人類和文化重要性的合理研究[76]。

一開始這位結構人類學家的研究活動曾明確受到心理分析學派的推動，並與另一個截然不同的理論並行：地質學。兩種研究都遇到**令人費解的現象，兩者在進行量測複雜因素的狀況下，須具備敏銳的洞察力跟纖細的興趣。不過，一開始所呈現的整體混亂無序，並不意外也非偶然**[77]。

這個人類地質學，或是最好稱之心理考古學，是李維史陀運用心理分析闡釋社會課題，如：親屬、習俗和神話等規則。

---

[73] M. Delgado Ruiz 有相同看法，可參見前面所提作品序言：李維史陀，前揭書，頁 11-12。

[74] 李維史陀，《結構人類學 I》，原文，頁 66。

[75] 參見瑞默帝（F. Remotti），《結構與歷史：索續爾的人類學》，A. Redondo（巴塞隆納 1972），頁 183。

[76] 李維史陀，《憂鬱的熱帶》，原文，頁 59。

[77] 李維史陀，前揭書，頁 61。

尋找「潛意識」結構，語言及心理的相關變化[78]。

從 1960 年起的第二階段，李維史陀較少闡明其心理分析觀點，也許由於他對親屬關係的立場接近功能學派，或者是對佛洛伊德理論的嚴厲評論逐漸升溫。總之，表面上對動態心理學比實際要疏遠，結果造成《神話》四卷和《善妒的陶工》（口部飢渴，肛門滯留，肛門失禁）中，與心理分析無關卻又令人費解的方法運用及內容解釋[79]。貝德寇克（C. R. Badcock）認為李維史陀的結構主義是佛洛伊德主義的濃縮，只是**無性衝動成分且合乎衛生的**版本。我並不完全認同他的看法，但是可以接受心理分析或許是截至目前所能想到最深層關於民族學結構主義的組成。貝德寇克的主張太過片面：

「親屬的基本結構，圖騰主義和野性的思維有許多與佛洛伊德圖騰與禁忌相同之處，而浩大的神話系列，是夢的解析結構主義版本[80]。」

以語言學為例，任何單方面壓縮李維史陀的研究，都將導致過度窄化他的理論。儘管李維史陀的立場多變，但我認為我們將會找到他與佛洛伊德之間相關的關鍵，而這正是此書的重心所在。

---

[78] 李維史陀，《親屬的基本結構》，原文，頁 133-274。

[79] 1985 年李維史陀最後關於神話的作品中再度大量運用心理分析。見李維史陀，《善妒的陶工》，Paidós（巴塞隆納 1986）。他不僅採用佛洛伊德的分類法，頁 73 跟 119；並回到圖騰與禁忌原始弒父的思考模式，用以解釋一則鄉村的神話（第十四章）。關於佛洛伊德及李維史陀的關係，參見 168-171 頁。

[80] 貝德寇克，《李維史陀：結構主義和社會學理論》，FCE（墨西哥 1979），頁 155。

佛洛依德與李維史陀
——動力人類學和結構人類學的互補、貢獻與不足

第二章　親屬關係與伊底帕斯癥結

1、心理分析文化人類學

1.1 十九世紀的文化進化論對佛洛伊德人類學理論之影響

　　佛洛伊德與十九世紀進化主義人類學先驅們的關係研究是一個重要課題，尤其他們對佛氏的影響重要。

　　上述的影響，或說是關聯，無法避免偏見的存在，因為許多十九世紀文化學者的觀念界定都滲透到心理分析的濫觴時期。儘管在傳播學派的檢驗下，上述學說於不同時期出現於佛氏作品中，但是這並不是說佛洛伊德不假思索全盤接受進化主義學說。事實上，佛洛伊德的重要作品出現於傳播學派時期，也就是說，進化論在佛氏作品中的份量並沒有佛萊澤、摩根或伍德那麼吃重。

　　佛洛伊德知曉鮑亞士[1]的民族學，但是卻無法接受他的特殊研究方法，而是接受佛萊澤的思想論述。關於這項使佛氏成為進化論學派「奴隸」的抉擇，我將於後論及。

　　其他造成佛洛伊德與進化論學派顯著相關的重要因素，包括：進化論學派在經驗主義人類學派興起時的角色。為解釋各個學派的差異性，我們往往追溯他的源起。在文化人類學派中，如同前面我們曾說過的關於人類研究方面的歷史分支，進化論

---

[1] 參見佛洛伊德，《圖騰與禁忌》（1912-1913），原文，1823，書中對鮑亞士圖騰主義的觀點。

學派無庸置疑為經驗主義學派的濫觴[2]。

文化進化論或是社會進化論是十九世紀中葉興起的思潮，構成人類學誕生的首要推動力。就其外表來看，可視之為進化論的邏輯推理原則應用於人類文化研究。

儘管達爾文創先在其《物種源始》中提出生物進化論，但是並未將之發展應用於文化領域[3]。不管其他學者怎麼說，我都可以斷定達爾文存有人類社會源起的概念，況且不論對錯，對後來都造成影響。

佛洛伊德大量吸收達爾文對於原始部落的理論，包括其他時期的理論架構[4]。總之，他不能否認在達爾文思想出現之前，摩根和泰勒等人已針對文化間的差異研究分別自有一套闡釋。

從屬於這個思潮的學者有：泰勒、布歐、梅因、馬克連南、佛來澤、摩根和巴霍芬等人。其中我要特別強調三位對佛洛伊德產生影響的學者：美國的摩根、英國的泰勒和佛來澤。

摩根在 1877 年[5]發表次標題為《從原始民族研究人類發展路線——蠻荒到文明》的作品，從標題即可知道他的論點。

2　Jiménez Núñez 將文化人類學的肇始年份定於 1860 年，他認為人類學史存在不過百餘年。參見 Jiménez Núñez，《文化人類學》，INCIE（馬德里，1979），81 頁。有鑑於此，Scarduelli 認為「現代人類學的誕生於十九世紀，正是進化理論在歐洲文化風行的高潮。」參見 P. Scarduelli，《文化人類學導論》，Villar（馬德里，1973），10-11 頁。

3　「儘管他有提及，但是十分明顯的，達爾文並不支持文化進化論，他也不認為物種源始後人類學的興起是由他擔任推手。」E. A. Hoebel，《人類學：人的研究》，Omega（巴塞隆納 1973），頁 515。

4　「這個試探性的假設，與達爾文關於原始社會狀態的看法相關。這位學者藉由高等猿猴的習慣演譯而成，認為原始部族由於古老且強大的男性忌妒心理進而禁止雜交。」佛洛伊德，《圖騰與禁忌》，原文，頁 1827。

5　西班牙文譯本，摩根，《古代社會》，Ayuso（馬德里 1975）。

　　他對佛洛伊德的影響不在對於人類歷史的分類，最重要的影響是在於親屬關係的演進課題。針對這點，佛洛伊德發表數種觀點，茲將其整理如下：

　　原始階段的雜交行為並未見於任何文化。

　　——性的限制是由父親與兒子聯合設下禁忌。亂倫禁忌具有普同性。

　　——母系社會存在於父系社會之前。

　　——文化發展必針對個體性行為加以設限。從假設的雜交到單配偶制。

　　——西方社會等高文明層次執行絕對單偶婚[6]。

　　這些源自於摩根的主張，如同達爾文的「原始部落」和其他我將闡述的理論所影響，佛洛伊德將社會及生物領域的觀點加入心理學的範疇內。

　　除了達爾文和摩根之外，另外對《圖騰與禁忌》有顯著影響的學者是泰勒[7]，特別是有關泛靈論是人類發展的必經階段的觀點[8]。然而，佛洛伊德並未接受這位作者關於宗教起源是原始人們對週遭環境領會而來的解釋[9]。在宗教的領域裡，前面未提及的兩位學者馮德（Wundt）與羅伯森史密斯（Robertson Smith）都對佛洛伊德有決定性的影響。此外，眾所週知對佛洛伊德影響最鉅的學者應該是佛來澤，這點可由《圖騰與禁忌》的作品

[6]　這項觀點佛洛伊德有極為有趣的論點，他認為「文化道德」對個體性心理產生負面的因素。佛洛伊德，〈「文化」性道德觀與現代的神經質〉（1908），原文，頁1249-1261。

[7]　佛洛伊德，《圖騰與禁忌》，原文，頁1796-1797。

[8]　泰勒，《原始文化I、II》，Ayuso（馬德里1977）。

[9]　佛洛伊德，前揭書。

註解中一再引用後者的作品獲得證明[10]。

作者	提及佛氏之原作	次數
佛來澤	圖騰主義與異系配合	29
	金枝	21
	圖騰主義的源起	1
	巫術的藝術與法律的進化	13
蘭（Lang）	圖騰的秘密	9
	圖騰主義（大英百科）	1
馮德	部落心理學	10
史賓塞與吉恩（Gillen）	澳洲中部的原始部落	2
馮德與史賓塞	大英百科全書	2
史賓塞	心理學原則	2
泰勒	原始文化	2
摩根	古代社會	1
史密斯	閃米特人的宗教	4
克拉雷（Crawley）	悲慘的玫瑰	3
達爾文	物種源始	1

---

[10] 我列表佛氏作品中各個學者出現的次數，儘管數字並不一定精確，但是可用於解釋對佛氏的影響。

　　佛來澤浩大並有許多不公正歧視性的作品[11]，被佛洛伊德當成人類學資料的泉源[12]。儘管佛洛伊德謹慎採用，但是除了資料擷取外，佛來澤的比較方法也包含其中。我指的是關於思想來由的採用，他視為那就是原始民族本身的想法，認為那就是他所錯過的時代的原始思想。融合過去他關於個體發展的階段分期，構成這位心理分析民族學者的主要理論。

　　文化進化論的重要學者有以鮑亞士為首形成的集團：潘乃德、米德、克魯伯、戈登衛塞和雷丁等人。

　　這個學派最常被批評缺乏經驗，這是所有進化論學者在釋義時常犯的老毛病，他們藉由偵查者或冒險家在世界不同的角落所觀察紀錄的事件加以聯想[13]。這種方法被稱之為**室內人類學**，並發明出一些廣泛且不自然的體系。佛洛伊德意識到這個限制[14]，但是將其視為一支年輕的人類學派必須面對的困難罷了。另一方面，這些異議以增添註腳的方式呈現，讓人無法看透佛洛伊德的內容深處，更別說是他的一般性推論。在這種情況下，佛洛伊德知道現代的原始部落與過去的原始部落不同，因為現今最文明的社會與最落後的社會都有其歷史與過往[15]。一個研究人員最難避開的風險，就是認為自己心理精神上已置

---

[11]　西班牙文譯本，佛來澤，《金枝》，FCE（墨西哥 1974）。

[12]　佛洛伊德，前揭書，頁 1812。佛來澤對佛洛伊德的影響，參見佛氏的《自傳》，原文，2795-2796。

[13]　José Luis García，〈「文化人類學的田野技巧」〉於 T. Rhys Williams，《文化研究的田野方法》，Taller J. B.（馬德里 1973），頁 9-10。

[14]　佛洛伊德，《圖騰與禁忌》，原文，1812。

[15]　「事實上現今仍存在著我們認為接近原始生活的人類，和他們的後代子孫。我們稱之為野蠻或是幾近野蠻的部落，這些村落居民的心理生活保存著我們過去的生活發展階段。」佛洛伊德，前揭書，頁 1747。

身在「原始的地方」[16]。

　　但是，佛洛伊德真的領會到這些需要謹慎處理的地方了嗎？從他採用的資料我可以說答案是否定的。

　　前面提及的地方只是一小部分，許多十九世紀末的人類學家最常犯的毛病是：太過極端的單一路線進化論觀點。這種過於單一路線的情況我們可以在《圖騰與禁忌》中看到。

　　佛洛伊德的思想中明白顯示，所有的文化都有經歷一些相同階段及偏好，並具有普同性[17]。

　　我們將於下一章仔細論述的圖騰主義，可以藉由他處理這個課題的方式知道他的態度。佛洛伊德如此定義著圖騰：

　　「圖騰，通常是可食用性動物，比較少見的是植物或是自然力量（雨、水），可以發現與全體部落有特殊關係。時而無害有時卻又是危險且令人畏懼的，首先是氏族的祖先，其次是守護靈以及後代子孫的施恩者，不但認識他們，並且會在危急時候保護他們。[18]」

　　對於佛洛伊德而言，圖騰主義是每個文化都會經歷的一個平常的階段，這點與李維史陀的看法根本不同。根據佛來澤、馬可連南及其他學者的觀察澳洲、非洲和北美洲的部落現象加以串聯，並依據**確切的痕跡和難以解釋的殘餘**[19]，就像與這位人類學先驅同一時期的許多評論相同，佛洛伊德認為亞洲和歐洲的原始部落都有圖騰的存在，所以他認為圖騰主義是人類發

---

[16] 這些說法都是在佛洛伊德，前揭書，頁 1186 注釋和 1812 頁。
[17] 例如他對於泛靈論的普同性論點，佛洛伊德，前揭書，1796；或是認為圖騰主義是一般性現象，前揭書，頁 1748 和 1815。
[18] 佛洛伊德，前揭書，頁 1748。
[19] 佛洛伊德，前揭書。

展過程「必要且普遍」的階段。只是前者停滯沒有發展[20]。

後期離我們較近的人類學家羅維，認為在不同區域的圖騰是截然不同，這點與戈登衛塞的看法一致：

「戈登衛塞逐一檢視關於圖騰的假設性觀點，他發現並未有普同性也沒有相似之處[21]。」

這個新觀點無法解釋相似的現象，因為沒有歷史性和心理方面的共通點。既不能像佛來澤以圖騰聯想外婚制，也不能解釋禁止狩獵家族動物的普同性禁忌[22]。

相反的佛洛伊德繼續其十九世紀「文化普同性」的喜好，並提供我們人類心理發展過程縮影：

曾經有一天在達爾文式的原始部族發生了一件極其重要的變化。部落酋長、統治者，因為驅逐了一群沒有遵守性禁忌規範的子民，之後被這群體制外的「兄弟們」暗殺[23]，而這些兄弟們是藉由彼此間重要的同性戀情節所結合[24]，共同追求建立一個所有人共享權利並接受相同的性禁忌。這便開始了母系社會的來臨。

殺了父親並吃他的屍體產生殘忍的性情，忌妒和畏懼讓他產生要像這個父親一樣的深沉慾望。由悔恨所產生的矛盾心理，儘管父親死亡卻還是獲得最後的勝利，因為這些「兒子們」

---

[20] 例如戈登衛塞說：「我們僅提出一小部分關於這個課題的近代作品，其實從中並不難看出關於圖騰的問題是無法加以一般化解釋的。」佛洛伊德，前揭書，頁 1816。

[21] 羅維，《原始社會》，Amorrortu（布宜諾 1972），頁 104。

[22] 關於圖騰與外婚制的關聯比較，見佛洛伊德，前揭書，頁 1749、1828、1841。關於一些可以獵殺圖騰動物的部落，見羅維，前揭書，頁 106。

[23] 佛洛伊德，前揭書，頁 1838。

[24] 佛洛伊德，前揭書，頁 1839。

由於殺人後的罪惡感，對自己的行動加以設限由於殺人後的罪惡感，禁止對同族受支配的女性發生性行為。同時以動物圖騰替代被殺的父親[25]。由於深層的雙重設限誕生了圖騰主義。

但是這個體制並未一直維持。這些叛亂的弟兄們逐漸遺卻對父親閹割的恨意，並進而將父親的形象理想化。想像父親的慾望的同時獲得令人羨慕的特權、競爭和資源的佔有，破壞了圖騰社會的公平性。

原本用來取代父親的圖騰動物，轉為抽象化：神祇[26]。父權的加強鞏固下，家庭成了另一個小型原始部落，儘管沒有太過極端，但是身為領導者的父親表現絕對的優勢[27]。

就如同在這段故事中，我們看到概括佛洛伊德對人種發展的概念[28]。

佛洛伊德料想到這個理論闡述一定會遭非議，所以並沒有明白展現他的論斷[29]。我對佛洛伊德的人類學資料的採用持保留態度，但是就心理學的觀點，我卻發現他令人驚訝的洞察力。事實上，他關於個體發育進化論的根本理論基礎觀點十分精確。此外，從黑格爾的種系發展法則找尋個體進化的反響，就文學類型我們可以稱之為歷史病因學。只是在重新建構病因學的時候，佛洛伊德「衰運」採用了過於單一進化論調的資料。

後面我將深入探究種系與個體發育的幾點相似處，和闡述

---

[25] 佛洛伊德，前揭書。

[26] 佛洛伊德，前揭書，頁 1843。

[27] 佛洛伊德，前揭書，頁 1843。

[28] 整個故事的內容參見佛洛伊德，前揭書，頁 1837-1846。

[29] 「對於這個不合理題材要求精確性，就像要求他的可靠性一樣不公平」，佛洛伊德，前揭書，頁 1839。

哪些為佛洛伊德採用的正當性，不過，現在我要仔細的詮釋這個玄妙的起源。

在一個不存在限制性本能的源起階段，就如同研究調查從未發現人類有類似動物的雜交行為，所以性本能的限制純粹只是假設。然而，這個階段的存在卻是由佛洛伊德學說所引申出的文化概念。

如 K. Axelos 這類的學者，強調佛洛伊德與馬克思的相關性[30]用來突顯文化誕生的決定性因素。但是，佛洛伊德的見解與馬克思主義的差異在於，他更強調其他人類生活的基礎—愛的力量。關於性愛與死亡的辯證，儘管對後者並未加以忽視，但他對前者特別感到興趣。

Axelos 提出關於回歸原始階段的可能性，拒絕**所有的資料來源**[31]的問題，也就是不接受社會組織，佛洛伊德的回答是斷然否定。此外，我認為 Axelos 的問題十分詭詐，他內心早就預設否定的答案，尤其是以下的這個問題：

「當人類已然建立制度時，可以根本否定人類制度的建立嗎[32]？」

很顯然的，當文化誕生的同時，人類開始對行為設限。如同佛洛姆所說的：**當動物超越自然時…人類於焉誕生**[33]。

榮格也明白揭示這點，他說意識是與外在關聯時，人類心

---

[30] K. Axelos，《「佛洛伊德、人的分析」於行星的思想》，Monte Avila（卡拉卡斯 1960），頁 38-39。K. Axelos 在這幾頁裡闡述佛洛伊德與馬克思的相似性—有關人類在發展過程中使用生產工具的重要性。至於佛洛伊德部分可見佛洛伊德，《文化不適應性》，（1930），原文，頁 3033。

[31] K. Axelos，前揭書，頁 35。

[32] K. Axelos，前揭書，頁 36。

[33] 佛洛姆，《當代社會心理分析》，FCE（馬德里 1979），頁 96。

理的根本詮釋[34]。這個觀點不但存在於心理分析範圍，也有許多其他方面的人類學家加以肯定，例如 Koeningswald 說：

「我們無法想像沒有文化的人類，人類發展的畫面停留在不完整的，只見到解剖的特性[35]。」

我們無法想像生活在沒有文化和約束的人類，若真這樣應該就不叫做人類了。烏托邦社會主義學者盧梭開始提倡回歸大自然，時至今日，若不是一個合乎理性、減少必需性支配及影響作用的組織，是很難為人所接受。當人類獨自生活不受規範制約的時期，「社會契約」就無法存在。不論是激進派（霍柏斯）或是自然派（盧梭），都認為在人類進化過程中，從相互衝擊到彼此妥協。靈長類動物與原始部落的社會組織存有極大差異。人類進化發展必須跨越障礙，我認為生產工具的進步外，人類的情感與認知發展更是重要。榮格表示：

「知覺意識未必不可能由衝擊源起，例如：看到自己的臉，可能產生個體對自己的第一次回響[36]。」

但是我們不能於一瞬間貿然接受某種事物，必須是連續性的。

人類或文化的誕生與生物學一樣，有些失落的環節只能藉由現在的狀況加以推測。而這正是佛洛伊德對亂倫禁忌的態度。嘗試進行一些類似原始部落的起源神話[37]：一則故事可以

---

[34] 榮格，《瘢結與潛意識》，Alianza（馬德里 1969），頁 96。

[35] G.H.R. Koeningswald，人類歷史，Alianza（馬德里 1980），頁 174。

[36] 榮格，前揭書，頁 97。

[37] 例如原始猶太人，以歷史病源學的手法撰寫創世紀，想了解佛洛伊德對「原罪」的看法，請參考佛洛伊德，《圖騰與禁忌》，原文，頁 1845-1846。

解釋事物的起源與情況，由現在歷史編纂學的角度評論是沒有任何歷史真實性可言。

　　根據這點可對佛洛伊德民族病源學有一大套看法。首先他們不能否認人類進化是由一連串階段所累積而來，新世代不可能永遠從零開始。過去發生的變化及事件會影響青年人並加以繼承。幼兒的發展除了生物性質還有文化性和社會性。涵化歷程與種族遺傳具有一樣強大的力量。但是整體而言我們只能說極為類似。此外，個體傾向追求週遭環境的快適感。不單是過去，也適用於現在，並且不太可能產生與親屬情感上的摩擦。另一方面，上述對未來的成年人的影響是由性及社會功能決定的。

　　這些觀點是針對佛洛伊德學派的評論，然而，在價值論的前提下，佛洛伊德改變了他的主要觀點：

　　接受進化論觀點，但不接受十九世紀極端單一路線的想法。

　　個體發育如同種系發展史的縮影，但是他只針對類似的部分說[38]。

　　最後，關於遺傳特徵的獲得，心理分析領域稱之為古代的遺傳觀點，我則持保留態度。這觀點粗糙的提出站不住腳的拉馬克氏理論，只有結合新達爾文主義的觀點部分可以加以理解[39]。以生物學家 C.H.Waddintong 為例，他支持為求適應而重複改變的遺傳同化假設[40]；他也認為潛意識的生殖遺傳，是透過

---

[38] 在比較進步的後期佛洛伊德持相同觀點，見佛洛伊德，《文化的不適應》，原文，頁 3064。

[39] 如 J. Monod 所說，《偶然與需求》，Barral（巴塞隆納 1977），頁 131-151。

[40] C.H. Waddinton 與其他，《面對生物學理論》，Alianza（馬德里 1976），頁 39-40。同樣推薦 J. Templado，〈進化論觀點的歷史發展〉，《進化論》，

社會及社會文化原則獲得的[41]。最後這點的呈現方式是人類的象徵能力，若沒有這項能力，人類既不能概括過去的經驗，也無法快速的透視新的個體。

1.2 進化論觀點對心理分析的主要影響

關於十九世紀文化進化論對心理分析學者的影響，我要簡明的從兩位已提及的學者加以論述：榮格和羅海姆。從時間上來看，榮格較接近佛洛伊德的時代，但是由理論上的些微差異，則羅海姆的想法較接近佛洛伊德。兩者對人類學都有很深刻的認識，並且將這個知識反映在他們的結論中。

當然不僅只有這兩位心理分析學者對人類心理學課題感到有興趣，我在第一章已經提過其他的學者[42]，但是我認為基於前述理由，若真有像蘭克（Otto Rank）在其作品中稱之為「第一代」的心理分析學者存在，則這兩位學者最具啟蒙性。蘭克提及青春期少年對父親的存在猜疑，與神話或傳說中的人性猜疑類似。蘭克 1906 年在維也納與佛洛伊德有過接觸，對於這個課題兩人曾有過交集，但是隨後便分道揚鑣。他曾對夢與神話

BAC（馬德里 1974），頁 104-107。

[41] 同樣的，孟德爾告訴我們說，自舊石器時代以來對父親角色的內化發展，是由「真實父親的死亡是伊底帕斯癥結欲望的夢幻實現」的動機而來，孟德爾，《反叛父親》，原文，頁 401。相關內容還有 81、132、152、264-265 和 397 等頁。

[42] 廣大的心理分析學派裡有許多學者都對人類學發表過看法，其中較突出的有：第一代的阿布拉罕、費倫齊（Ferenczi）、芮克（Reik）、史德喀爾（Stekel）、蘭克、愛德勒和榮格；第二代的有荷妮、萊克（Reich）、羅海姆等人，近代的則有艾瑞克森（Erickson）、卡汀那（Kardiner）、佛洛姆、Sullivan Caruso、德佛瑞斯、拉康、孟德爾、Laplantine 等等。在本書內容中陸續會出現這些學者的重要作品書目。

的關係和集體性的夢進行研究，從他的作品中可以清楚的看到進化論的影響[43]。有關他對象徵的概念，我將在後面的章節加以論述，現在我們要說的是，蠻克將亂倫禁忌視為出生時的精神創傷衍生而來，以邏輯來看，就是在子宮內便開始了伊底帕斯癥結。這點與「文化論」學派關於種系發展的觀點相同，這派認為人類一直存在著一種要回歸最原始自然慾望，要回到一個中性、寧靜像母親子宮的地方。

順著蠻克的路線，榮格與佛洛伊德在 1907 年相交，他認為原始部落的心理發展與個體心理，或是稱個體意識十分類似。前者影響後者。而且他說原始人類與文明人類相對立，他認為：**人的潛意識包含所有的生活方式，並具有祖先遺傳的功能性**[44]。儘管他批評佛洛伊德由意識解釋潛意識，他認為應該順序顛倒：**無庸置疑的，從後代追隨者解釋祖先的生活是十分荒謬且不合理的**…[45]。

榮格對過去的觀點，濃縮在其集體潛意識的看法中。他認為集體性是潛意識最重要的部分，從這個潛意識的根本可以到達個體意識的「小島」[46]。因此，人類若要獲得知覺意識必須與**群體**結合，或是從中性客觀的自然深處開始[47]。

前面我已經說過，榮格的人類意識來源是由於情感的碰撞

---

[43] 蠻克，「夢與神話」，於佛洛伊德，《夢的解析》，Alianza（馬德里 1972），頁 118-135。

[44] 榮格，前揭書，頁 27。

[45] 榮格，前揭書，頁 30。

[46] 「人性根本有類似集體性的精神存在，代替個體意識，這並非一蹴可及的，而是一點一滴隨著演化的歷程慢慢浮現。」榮格，前揭書，頁 48。

[47] 這點跟後期的文化論者持相同看法。榮格，前揭書，頁 61。

[48]。「臉的衝擊」引發自我意識的反響與社會區隔。換句話說，就是個人的產生[49]。

儘管費倫齊在早期（1915）與佛洛伊德有往來，但羅海姆被認為是佛洛伊德人類學派的「第二代」成員。佛洛伊德在 1927 年提及：**芮克與民族學家羅海姆以圖騰與禁忌為出發點，針對整體概念的重點加以延續、深化並證明**[50]。

儘管羅海姆並沒有完全貫徹佛洛伊德所說的路線，但是，卻可以說他是從未離開心理分析的架構[51]。

在這個段落我將來說明如此定義他的兩大原因。首先就是他對佛洛伊德的種系發展詮釋的批判，也是基於拉馬克和黑格爾理論最弱的環節[52]。或許是物極必反的關係，羅海姆撰寫的作品中，具有當時新達爾文主義的突變理論概念[53]。第二點就是，他身處的時間點，正是傳播論和文化論達到高峰的末期[54]，這也讓他認識到經驗主義的方法，並見識到毫無節制的可能性。

---

[48] 榮格，前揭書，頁 97-98。

[49] 根據前揭書中榮格的判斷，人類的專長在於知覺意識，與超我類似（並不是動物也具有的自我）。文化的交互作用產生超我，進而開始人類化進程。

[50] 佛洛伊德，〈自傳〉，原文，頁 2797。

[51] 參見羅海姆的西班牙文版作品，《巫術與精神分裂症》，Paidós（巴塞隆納 1982）；《心理分析與人類學》，Sudamericana（布宜諾 1972）。最後的這部作品整本都非常有趣，尤其是第一、九、十、十一章。另外還可閱讀他的一篇文章，〈文化的心理分析釋義〉，《心理分析雜誌》，第五卷第一期，1947，頁 153-179。

[52] 羅海姆，《心理分析與人類學》，原文，頁 527。

[53] 羅海姆，前揭書，頁 538。

[54] 心理分析與人類學寫於 1950 年，書中常提及當代的文化人類學家的觀點，具有對不同部落的極端、無關聯性以及偏好特殊文化的特點。有關這個問題參見此書 11-12 頁。或是可見其 13 頁對潘乃德與馬凌諾司基的批判。

　　羅海姆回歸過去，對文化普同性感到興趣。跟佛洛伊德一樣，他認為個體發展是有條件的，會依照所具有的文化[55]及普遍存在的心理關聯，他並嘗試藉由沒有具備過度肛門禁忌的文化（例如：Navajo 文化），來解釋大部分文化的確具有相似的成人恐懼與限制。同樣的，他也觀察到一系列超文化的親屬關係結構，與夢的潛藏內容[56]。

　　羅海姆跟佛洛伊德的最大分歧點大概是對超我的概念，他認為超我的源起要追溯到伊底帕斯癥結之前，有關孩子與母親的關係[57]。他解釋種系與個體發展的關係是生理的對照，他斷言晚熟的人腦發育，造成人類較動物對文化與社會的發展較敏感[58]。個體的「青春」時期造成進化發展的改變。他說：

　　「種系發展是由個體發育的變化產生，並非碰巧由個體發育決定[59]。」

　　這個思想表達了他對佛洛伊德的支持與對榮格的異議。人類幼稚性的發展進步，意味著文化的推進與超我的過程。與上述同時具有遲緩與進步發展的伊底帕斯癥結，無庸置疑的具有普同性[60]。

　　羅海姆或許太過遠離生物心理關聯性，忽視了跟人一體的文化成分，但是要提到佛洛伊德人類學派，他實在令人無法忽視[61]。

---

[55] 羅海姆，前揭書，頁 17。

[56] 羅海姆，前揭書，頁 14-15、27。

[57] 羅海姆，前揭書，頁 23。

[58] 羅海姆，前揭書，頁 543、552-553。

[59] 羅海姆，前揭書，頁 562。

[60] 羅海姆，前揭書，頁 544。

[61] 關於羅海姆的價值評論，參見 C. J. Crawfor,《心理人類學》…，原文，頁 27-18，關於應用臨床心理分析解釋整體社會的價值的相關疑問反

2、李維史陀的親屬關係理論

2.1 理論的重要性與特徵

　　從社會人類學的基本面向來看，親屬關係是李維史陀理論研究的首要課題[62]。可從兩方面解釋他成為結構學家的理由：第一，他對先前的人類學家們關於親屬結構研究的課題十分感興趣。還有，其他的文化面向沒有類似親屬分類的規則可以提供我們多樣的系統化資訊。此外，許多稱為「原始」的社會，儘管並非所有社會及部落組織可以確認他的親屬關係，卻都有關於親屬關係的制度。存在的第二個理由是，結構學家在處理社會層面問題時，與語言學的領域有相似之處。社會學與語言學的類似之處早已由其他學者揭露（例如：舒拉德〔O. Schrader〕和牟斯等人），然而，李維史陀卻是從音韻學加以實際運用，並將語言結構的規則套用在自然社會上。

　　《親屬關係的基本架構》內，有針對不同文化的親屬稱謂的傳統研究。從 P. Lafitau 開始到現代，有許多人類學家從民族學開始對這個領域的關注，最後終於讓這個課題成為文化人類學的主要研究範疇。我們可以從深具影響力的摩根，的著名理論*分類制與描述制*獲得證明；或是羅維針對不同系統內涵研究衍生出的傑出分級：世輩型（以性別跟世輩為標準）、直系型（以

響。
[62] 在《親屬關係的基本架構》（1949）出版之前，李維史陀已撰寫超過二十篇文章及一本重要著作：《那比瓜拉原住民社會與家庭》（1948），但是這些作品幾乎都傾向運用及民族學。此外還有一篇文章在親屬關係的基本架構前揭櫫他的觀念：「語言學與人類學的架構分析」（1945），編蒐在《結構人類學 I》，原文，頁 75-95。

直系和旁系加以區分）、二分旁系型（由父輩旁系或母輩旁系先行區別）或是最後的二分合型（基於直系與旁系親屬關係的不同分類）[63]。但是，上述這些或者還有其他的分類也好，都缺乏一個通用結合的因素。整體看來只是為數眾多的例外與分散的標準。親屬關係的領域呈現出成分複雜無章法的情形，但是卻又必須加以紀錄。

以下是李維史陀作品的主要研究內容特徵：

a.近似語言學。

b.不規則現象。

c.之前的研究都是相對失敗的，直到發現普世通則。

親屬關係就像圖騰與神話一樣，具有上述特點但是又多了一點：這正是李維史陀企圖證明的，並非「形式上」而是「本質上」具有不可否認的原理原則存在。

我們不再闡述其後的分析發展，我們將把重心放在親屬關係的一般狀況中。李維史陀在 1965 年明白的表示：…親屬制度最深層的功能在於類別定義，確定婚姻規則的類型[64]。也就是說，親屬關係的確認在於人際關係的聯繫，說正確點，在於兩性正當結合的姻親關係中產生。

對人類而言，血緣與血統的生物性進程，若沒有社會規則

---

[63] 關於這個親屬關係的詳細概念，或是與這個題目相關的學者作品，請參考 R. Valdés，〈親屬關係的專用語〉，編蒐於《親屬關係研究》的三篇導論，巴塞隆納自治大學（Bellaterra 1983），頁 45-55。這本小書內有超過 240 本關於親屬關係的系統化參考書目。另可參閱 R. Fox，《親屬與婚姻體系》，Alianza（馬德里 1985）。

[64] 李維史陀，《親屬關係研究的未來》，Anagrama（巴塞隆納 1973），頁 55。這個作品代表李維史陀對親屬關係的基本架構內容進行修訂，撰寫動機在於 1965 年的「Huxley 紀念文章」。

的存在將無法獲得確認。這個中介調解是不可少的，此外，這更是為李維史陀對「人類」存在的試金石[65]。

婚姻不可能是單獨的行為，而是在回應一個早已存在的情況，其主要規則是由相互關係衍生而來。李維史陀的親屬關係理論，就建立在這層相互關係的最底層，他賦予這點一個狂熱的稱呼「亂倫的激情」[66]。婦女交換原則跟亂倫這兩個現象，正是人類對關係需求的正面與負面反應，但是李維史陀大多探索亂倫禁忌這個負面推論[67]。由於這個限制，讓人類發明規則進而開創了文化。但是，**雖然規則的制定各有其形式**，但其唯一的理由就是亂倫禁忌，沒有其他[68]。關於這點，在人類學領域的重要性是無庸置疑的，從此衍生出人類與非人的不同標準，其最終的目的在於人類的哲學反應與影響。

2.2 李維史陀的亂倫禁忌

為什麼亂倫禁忌對規則的制定如此重要？

李維史陀的回答與心理分析學派有些出入，儘管後者對這個課題極具影響力。心理分析理論重視性本能與其相關發展，強調亂倫禁忌的執行是由於伊底帕斯癥結。邏輯所在是強調個

---

[65] 李維史陀，〈家庭〉，《家庭起源與普同性的爭論》，Anagrama（巴塞隆納 1987），頁 36。

[66] 李維史陀關於亂倫研究的課題很多，他不是第一個發現這個重要課題並加以闡述的人。相關的研究文章有 Y. Simonis、《李維史陀或「亂倫的激情」》，Cultura Popular（巴塞隆納 1969）。我不是要說 Simonis 關於李維史陀的研究中對於婦女交換與亂倫的概念混淆不清，但是其作品 31-33 頁的說法並不正確。在此我只是想要加強李維史陀對亂倫研究的關聯。

[67] 李維史陀，《親屬關係的基本架構》，原文，頁 80。

[68] 李維史陀，前揭書，頁 68。

體發展的首次限制，像保護者與被保護者的關係，尤其是個人情感的相互關係上[69]。

李維史陀也以性本能解釋由自然到文化的步驟。雖然性本能可斷定為自然直接的，但是卻有一個與其他本能（飢餓、調節體溫、排泄等等）不同的特徵，構成「它」的需求。除了這個特點外，性本能還有另一個令人驚奇的強大彈性，靈活伸縮的能力，可以將需求轉化成其他形式加以排解（昇華作用）。性本能結合「它」的需求，可能引起自然秩序的變動（宇宙的、自然的等等），進而創造文化秩序（特別是主體意識的規範等等）[70]。

亂倫禁忌是性限制的範例，自然出現一項規範，是社會現象。李維史陀的親屬關係概念需要生物學（及心理學）基礎，但是事實上卻是悲哀的淪落到以社會語言學闡釋。

李維史陀想要成為辯證者，並接受亂倫的自然成因解釋（例如：韋斯特馬克、H. Ellis 等人），又要同時保持社會學的立場（以涂爾幹為代表）。然而，他後來的表現卻像是遺忘了這些觀念，只有發展涂爾幹的路線，沒有延續進化論。

總之，關於李維史陀對於亂倫的態度，我們可以說他不接受摩根與 H. Maine 的**優生學**解釋。事實上，以生物學的觀點來看，亂倫禁忌的產生是**社會對自然現象的反應。一個用於制止不正當血緣婚姻的防護措施**[71]。

---

[69] 為了更清楚明確，在此標示這個第一次限制是指括約肌的控制，由社會意圖不明的「目的」因素加以調整。

[70] 關於此項自然及文化秩序的特徵，請參閱李維史陀，前揭書，頁 41。

[71] 李維史陀，前揭書，頁 46。

　　李維史陀以人口統計學的特徵證明，原始社會不可能基於優生學而限制不正當血緣婚姻，因為時至今日，我們仍很難對此類婚姻所造成的必然負面結果提出明確的統計證明。

　　他也拒絕以自然為出發點的**本能理論**對於亂倫禁忌的觀點。但是當他採用心理分析學派發現**關於亂倫的普遍現象，不是排斥，相反的是加以尋求**[72]。只好對慾望與企圖加以限制，所以當慾望越高漲，限制就越嚴格。

　　最後李維史陀拒絕**純粹社會學**的解釋方式，我要說的不是縮減社會學面向，而是保持單一路線。涂爾幹認為亂倫禁忌不過是前外婚制，也就是圖騰制度的剩餘。是保存許多禁忌的影響造成的，以女性經期為例，參見以下相關聯組：

圖騰──▶氏族──▶血──▶經血──▶對女性進行約束──▶禁止女性接近

　　李維史陀在這個觀點採用傳統的本位主義評論，他告訴我們這個看法套用於歷史連續現象是錯誤的，也許針對特例可行，如：涂爾幹對澳洲圖騰制度的研究，但是卻很難在所有人類社會重複出現。

　　在所有上述的立場，李維史陀明顯支持自然與文化平等二分法則，不過他只針對規範的形成加以研究。這樣的行為可從他對性學領域的表現獲得證明，**自然在毫無前題的情形下強制**

---

[72] 李維史陀，前揭書，頁 51。李維史陀並沒有說明他這裡所指稱的一般性現象的想法來源，但是可參閱佛洛伊德的《圖騰與禁忌》，原文，頁 1757-1758，以及《心理分析課題導論》（1971），原文，頁 2252。

與性結盟，文化在形式確定後接受性[73]。也就是說在生物性的一端存在著與性的強制性結盟，但就社會方面卻有其規章制度。但是，生物性或是心理面向真的可以絲毫不受條件拘束嗎[74]？

李維史陀認為人類潛意識具有內在邏輯引導的規章，但是他想要「從上而下」就整體而非個體加以透視。從他的親屬關係系譜可發現，包括家庭心理在內的範圍他都太過簡化。馬凌諾斯基對於家庭內部的競爭分析，是由李維史陀的一般文化概念而來，李氏認為潛意識支配造成的交換原則與語言的文法規則類似[75]。

事實上，這種規則可套用在所有存在匱乏的人類範疇內，李維史陀只是另外一個連結文化起源與需求的學者，婚姻交換與經濟交換或食物交換是一樣的。這些現象都延續著相互性原則。經濟競爭與性競爭都是由於匱乏，女人具有**價值象徵**，這樣一來，我們發現李維史陀的理論受到馬克思與佛洛伊德的影響。

防止一夫多妻制的自然傾向，一夫一妻制的產生正是對文化壓抑與遠離性競爭的極端表現。假設我們現在身處在一個女性不足且施行一夫一妻制的社會，唯一的例外是部落酋長與巫

---

[73] 李維史陀，前揭書，頁 68。

[74] 十分有趣的，李維史陀的亂倫理論竟由馬凌諾斯基加以實踐，關於排斥亂倫結合的問題，他強調家庭內部的性競爭比之社會因素具破壞性。在不可能的狀況下竟出現李維史陀與馬凌諾斯基這樣的互補組合，參見馬凌諾斯基，《性與原始社會的抑制》，原文，頁 228-234。

[75] 李維史陀的這個觀點讓後期學者認為與功能主義的概念十分接近。他認為解決婚姻問題的最佳方法就是親屬關係系統，遠離潛意識規則，真正發現古老的智慧遺產。李維史陀，《親屬關係研究的未來》，原文，頁 59 及 62。

師，他們擁有一夫多妻的特權，這項特權攪亂*兩性自然平衡*，**造成青年男子有時無法覓得與其相同世代的適婚女性**[76]。

對上述這種情況的解決辦法，最悲慘的結果莫過於這些社會的單身男子施行一妻多夫制（兄弟共妻制）或是成為同性戀。關於最後這點，李維史陀在他的作品中認為是對立矛盾的，另一方面像是**後備方案**[77]，但是又是調解方式之一。關於那比瓜拉的交表婚，未造成婚姻問題是由於姊妹互換原則。此外，這種**捏造的愛**開始於青春初期，總在成年人彼此間的相互情感留下痕跡[78]。儘管人類的性形式在不同的文化有不同的表現，不僅止於異性一夫一妻制，李維史陀認為一夫多妻幾近雜交的傾向，總是出現在適婚配偶不足情況下的本能。基於這個因素，婚姻永遠不可能是對偶，必須接受社會的認可與限制。

在李維史陀的婚姻三角中，除了夫妻兩名成員之外，還有一個「可能存在的第三者」。這個對集團十分重要的「下落不明者」，對婚姻結構的影響比我們所認為的要大。之後我將運用這個三角，就甥舅關係與系譜，套用在所有的文化中。

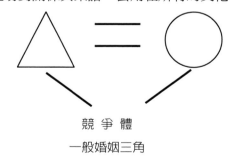

競　爭　體

一般婚姻三角

---

[76] 李維史陀，《親屬關係的基本架構》，原文，頁 74。
[77] 關於同性戀的觀點，請看李維史陀，《憂鬱的熱帶》，原文，頁 337-338。
[78] 李維史陀，《親屬關係的基本架構》，原文，頁 560-561。

　　我不認為李維史陀有其他可以超越納比瓜拉親屬制度[79]的觀點。這群原住民有一套極為有趣的婚姻組織，就像達爾文的古老遊牧部落中的「頭目」，酋長擁有一連串特權。事實上如同我們所見，李維史陀吸取佛洛伊德的父權制，將**一般性**父親以特羅布里恩德島的母系社會加以替代。

　　除此之外，李維史陀試著以不夠穩固的理由證明「首領」或那比瓜拉的巫師擁有一夫多妻特權。他說這是兩種分配規則的重疊，一個是首領與團體的連結（一夫多妻），另一個則是個體與團體的聯繫，但是卻無法加以證明。

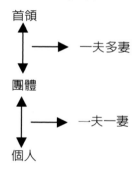

　　他另外補充說明，個體的安全由首領以危險處境換取的集團安全決定，這點看起來似乎有其功能性，卻是中世紀的論據[80]。或許這個例子可以炫耀他的馬克思理論成形，簡明且具有

---

[79] 李維史陀，前揭書，頁 81。

[80] 李維史陀在這個部落的田野工作中多次發現，首領必須從事尋找食物或狩獵區等激烈活動，戲劇性的與部落集團的被動消極成對比。儘管首領擁有權威，但是卻需經由團體許可，我認為李維史陀所發現的首長權力太過於自然主義。李維史陀，《憂鬱的熱帶》，原文，頁 333-336。

說服力[81]。

假設我們願意接受這個那比瓜拉親屬關係的說明，現在讓我們繼續其他較有趣並且重要，可輕易推展到全人類的問題。個體克制本能的第一個理由是因為必須於其他個體交流；第二點則是，有可能是因為知道其他個體也這麼作。在**必須**顧慮的情況下，結盟或競爭，沒有其他選擇。結盟的建立首要在交換，物物交換，或是婦女交換。以女性立場來看是十分冷酷的交換，因為她是一個具有價值的象徵，除此之外，其功能作用在滿足本能：

「…在我鄰居出讓他的女兒或妹妹的情況下，我也出讓我的女兒或妹妹；社群對亂倫的激烈反應，是邪惡的[82]。」

或許加以補充原因：長遠來看，那些自我封閉的個體家庭，只有死路一條。

2.3 親屬關係的關鍵概念：相互關係原則

為了要替他的親屬秩序找到基礎，李維史陀必須借助心理學的因素（「非具體化」的社會情況，或是友好感覺的產生等等）：相互關係原則。

受到牟斯及其「贈與規則」的影響[83]，李維史陀的社會秩序建立在公平交換異於經濟種類的因素上，像是：權力與友善等等。他認為所有經濟結盟與競爭的終極點，在於不可思議的

---

[81] 另一方面來說，關於李維史陀的社會系統與親屬關係的觀點，以經濟學觀點來看，有時候有流於極簡物質主義的傾向。例如，波羅羅的原住民。李維史陀，前揭書，頁 259-261。

[82] 李維史陀，《親屬關係的基本架構》，原文，頁 102。

[83] 牟斯與其「相互贈與」的內容，請參見牟斯，《社會學與人類學》，原文，頁 169-171。

心理因素。

　　但是李維史陀仍未放棄相互關係的基礎原則，並傾向以團體層級分析。相互關係主要在於集團性的交換。有些團體贈與有些團體接受，最終會在不公平的立場中找到平衡點。這個破解的密碼在於親屬關係的兩個重要原則：對偶性組織與交表婚。毫無疑問的，以上關於相互性原則與分析都來自李維史陀，截至今日，我們不該忘記這些組織的原理原則共通性在於**人類精神的最深層結構**，而非民族學的卓越觀察發現。

　　相互關係原則中的贈與，有其特別的象徵性角色。

　　「對偶性」組織乃是由兩性的根本不對稱所衍生。婚姻不是一個男人與一個女人的關係，而是**男人藉由女人**建立關聯性[84]。根據這個極具意義的事實，李維史陀發現，儘管母權制文化所顯示的數據與父權制相近，但**母權制同時施行從母居的數字是非常少的**[85]。

　　李維史陀將其推論戲劇性的採用母世系制從母居。這些社會中的丈夫總是附屬於「外部的」、「負債者」集團。心理敵對的環境下，造成**集團以親嗣關係與住所規則消弭對立**[86]。正如同我們所知道的，同一居住地區的兩個外婚制集團進行婦女交換必是對偶性。

　　這個解釋混合了心理學與社會學，汲取個體功能運用到集團。這個研究應該將兩個理論加以分離，兩者間當然具有互補

---

[84]　李維史陀，前揭書，頁 160。
[85]　李維史陀，前揭書，頁 161。
[86]　李維史陀，前揭書，頁 163。

作用[87]，不過卻是到比較後期。

大部分系統分類發現到，「交表婚」似乎是相互關係原則的最重要的事例，**真正關鍵的經驗**。李維史陀注意到被指定的個體（交表）和被禁止的個體（平表），這項令人費解的優先結合，卻沒有關心到夫妻的生物性關係。李維史陀認為，促成婚姻結合的雙方與被排除者，皆是基於同一個理由。

我們之前談到捐贈集團與受贈集團，其接受的權利僅止於特定贈與的集團。債權人之間或債務者之間都不可進行交換。當我們接受李維史陀的說法，以獲得婦女的集團為（＋）號，失去婦女的集團為（－）號，平表關係呈現為（＋）（＋）或是（－）（－），也就是說彼此間無法建立關係；同時交表關係呈現（＋）（－）或（－）（＋），是傾向可進行婦女交換[88]。

李維史陀關於親屬關係的理論有一項不變的常數，就是婚姻是團體間對稱性贈與行為，西方社會也包括在內。由於是團體性質，並非個人轉讓或是不對稱，儘管有時是不言而喻的形式，但都是交換性質。為了證實這個理論，我將舉一個李維史陀於 1983 年關於亂倫禁忌解釋的「特例」[89]。實際上我要指出的是李維史陀證明在父世系制文化中的同父異母血緣婚。這個事實正面衝擊對稱婚姻的禁忌，禁止同母異父血緣婚。其架構如下：

---

[87] 我與德維列斯的觀點相同，見其《民族的互補心理分析》，原文，頁 77、167-168。

[88] 李維史陀的圖表說明可見，李維史陀，前揭書，頁 177。這裡所提的相關概念可參見同一作品的 182-184 頁和 187-189 頁。

[89] 李維史陀，《廣闊的視野》，原文，頁 111-112。

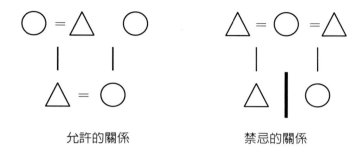

允許的關係　　　　　　　　禁忌的關係

　　李維史陀的解釋繼續在團體間的交換，以及團體間進行的維持與開放的兩手遊戲間打轉。為了維持父系的權利，某些文化中支持同父血緣婚並不是一件矛盾的事情。根據李維史陀的說法，正是由於**父系親屬在接受婦女的態度較為強勢，內婚對他們較有利並可以實踐他們的的益處**[90]。

　　現在我們對這位奧地利人類學家堅定不變的親屬理論已經十分清楚，我要開始他的評斷跟可能的發展[91]。李維史陀的親屬關係研究具有普遍性價值，比他的神話研究對民族學的貢獻還大。但正如先前提到的，李維史陀不能掩飾立論不夠充分的事實，那就是他忽視了心理因素，或者說沒有加以廣泛利用。就其綱領來看，李維史陀並不想放棄這個人文層面，但是實際上，不是不恰當的與社會學解釋加以混合，或是根本就把它忘

---

[90]　李維史陀，前揭書，頁 118。

[91]　之前我曾提及李維史陀對其親屬關係的基本架構的一些修訂，這部作品讓人覺得他有功能主義的傾向，諸如他的經濟觀點，以及將克勞制—奧馬哈制認為是系統根本及癥結的過渡。這些相關的變化可以參見他《親屬關係的基本架構》第二版的序言（1966 年）第 16-31 頁，以及同年的親屬關係研究的未來。先前 1959 年的《家庭》。

的一乾二淨。這情形在他與心理分析學派的座談中表露無遺[92]。

　　另一項遺憾是，李維史陀沒有繼續他區分親屬關係的直觀，只是純粹根據親屬稱謂的態度與行為加以定名。這點可以參見他說的話：

　　「除我們所提的**稱謂制**（其實是構成一種辭彙系統）之外，有另一個關於自然、心理和社會相同的系統，我們稱之為**態度制**。[93]」

　　李維史陀藐視這些制度是為了便於應用音韻學規則，而這個態度讓他無法免除之後的偏見。

3、李維史陀的親屬系譜與佛洛伊德的伊底帕斯癥結

　　假使要解決關於李維史陀結構研究中不同體系的個別動機，絕不能將他們分別獨立看待，如此一來就無法正確了解他真正要說的人類是什麼。為了達到目的，我覺得非常適合從親屬系譜下手，將最小的單元，也就是家庭關係加以解構。

　　首先我將闡述李維史陀的想法之後，再以動態心理學所支持的資料來完成他的觀點。

　　以下是代表所有家庭關係的系譜：

---

[92]　這個對談我將於後加以發展，我指的是包括他在「認同」講座中的對話。李維史陀，《認同》，Petrel（巴塞隆納 1981）。

[93]　李維史陀，《結構人類學 I》，原文，頁 81。

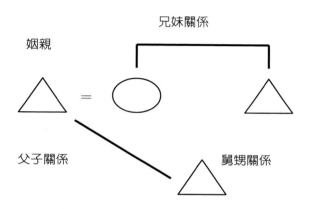

　　這個相互作用範圍儘管是壓縮的，但卻是人類學重要的決定性關鍵，我們可以從中判別每個組成份子的情緒歸向，另一方面則是忠實反映整體社會組織。這圖完整的匯集了社會科學與心理科學的要點於其中。

　　李維史陀強調四種類型的關係：

　　a.兄妹　b.夫妻　c.父子　d.舅甥　，如同他後來分析神話的模式，這些雙重關係可以放在以下的對比矩陣中：

$$a : d : : b : c$$

　　也就是說兄妹關係與舅甥關係等於夫妻關係與父子關係。這些關係可以是（＋）或是（－），由內部的規則牽引系譜內四種主要關係符號的變動。

　　我們來看一個完整的關係圖例：

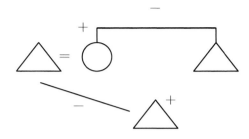

　　這裡的婚姻關係十分親密，造成兄妹的關係疏離。此外，在父子關係有所保留的情況下，會讓孩子親近舅舅。

　　李維史陀發現，不同的民族誌例子可以應用於同一個一般性規則中（這裡的例子是指東加王國）與他的結構觀點相符[94]。

　　這個分析的功能與佛洛伊德三角相異，按照範例我們可以稱為四位一體[95]。李維史陀不是第一個使用這個方法的人，但可能是所有人當中獲致最佳結果的人。

　　之後馬凌諾斯基在他的特羅布里恩德島的研究，批評傳統的歐洲伊底帕斯癥結模式並不適用於其他文化的慾望與認同。特羅布里恩德島是母系社會，甥舅之間是性的競爭對手，爭奪的對象不是母親而是自己的妹妹。

---

[94] 所有提及的例子都可以簡化成為一個圖形，我將隨後加以改變複製，參見李維史陀，前揭書，頁88。

[95] 佛洛伊德在早期也有相同看法，可從他的書信中獲得證明：「我現在習慣對性行為設想為是四個個體間的程序…」佛洛伊德，〈心理分析的起源〉，原文，信件113，頁3625。然而這種評估卻沒有延續下去，佛洛伊德的分析採用三角透視法。

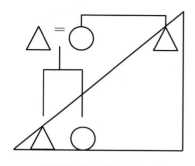
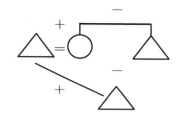

特羅布里恩德島的伊底帕斯癥結三角　　特羅布里恩德島系譜
（馬凌諾斯基）　　　　　　　　　　（李維史陀）

　　小孩與舅舅的關係十分嚴肅且難以親近，因為舅舅在此掌握權力。在自我美德的制約下，妹妹成為禁忌的女人，同時父親為孩子的大朋友，說白一點，是屬於其他氏族的人[96]。

　　與馬凌諾斯基不同，李維史陀將從舅居所有可能的關係加以概括。伊底帕斯癥結三角缺少那位，最後將女人出讓的「缺席競爭對手」。這個邏輯是說，若敵對的連襟與妻子的關係良好，婚姻關係將會較為冷淡，反之亦然。隨之共存的情形還有，若兒子接近舅舅，則與爸爸的關係將保持距離，反之亦然。李維史陀並沒有清楚說明，但是（從他的親屬系譜的結構中）（＋）號和（－）號，讓我們輕易可以區別不同的關係[97]。

　　這個問題讓我發現兩個處理核心親屬制的缺點。一個是沒

---

[96]　這些特徵都由馬凌諾斯基所提出，前揭書，頁 148-149。或是參照其著作，《原始心靈的研究》，Paidós（巴塞隆納 1982），頁 151-160 及 211-218。

[97]　這項演進可以參見，李維史陀，《結構人類學 II》，頁 82-1095 中的〈系譜的反響〉（1973）；〈澳洲親屬系譜〉，《廣闊的視野》，原文，頁 83-94。

有清楚解釋影響小孩在後期社會發展的母子關係。李維史陀將這個問題過於「慷慨大方的」放手給心理分析學家[98]。另一個問題是關於舅甥關係，李維史陀認為舅舅是代表許多文化交換系統中的制約角色，但是，若是在文化體系中個體的超我較為廣泛時，這個問題便較不明顯。兩個例子都認為（第一個較為明顯），舅舅扮演著父權關係的「雙重倒置」角色[99]。

　　若是李維史陀在親屬核心研究中應用語法變化系統，將是一件有趣的事。將親屬網路視同人際關係的連結系統，有結盟也有壓力，直到產生動力平衡，或許從心理的角度出發，是對這項事實的最佳分析。針對這點，在民族學資料的支持下，我大膽的提出關於李維史陀在 1945 年的「語言學與人類學的結構分析」文章中，對不同親屬系譜想法的假設。

　　關於各種家庭核心可能結合的範圍參見如下[100]：

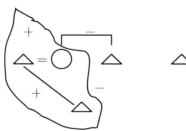

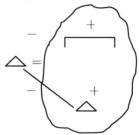

特羅布里恩德島，母世系　　　　　希卡錫亞諾，父世系

98　「…在其中有民族學系統所無法涉及的空間，心理分析學者可以加以佈兵，若不是因為這樣，我們也不會放手給他們去做」，李維史陀，《認同》，頁 109。

99　內容見格林（Andre Green）「系譜與伊底帕斯癥結的關係」，收於李維史陀，前揭書，頁 102。

100　我將文章中的圖表重製，個體結盟的線是我另加的。參見李維史陀，《結構人類學I》，頁 88。

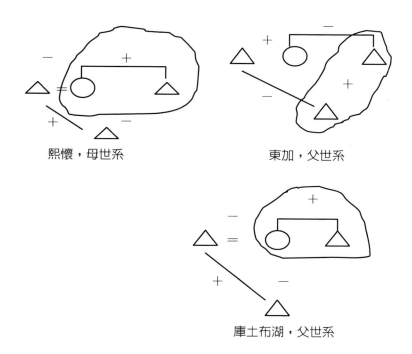

熙懷，母世系　　　　　　　　　東加，父世系

庫土布湖，父世系

　　除了兩個文化外，都可以證明不同體系中的相似平衡：熙懷和庫土布湖是父子對抗母親與舅舅、東加則是夫妻與舅甥抗衡。特羅布里恩德島和希卡錫亞諾看起來像是例外，顯示出男性遭到疏遠。前者是舅舅，後者則是父親被孤立。但是這種不利男性處境卻由社會充分奧援獲得彌補：正如同先前所提的，母系的特羅布里恩德島由舅舅掌控權力，如同希卡錫亞諾的父系社會是由父親掌權。

　　假使要對這些分析有所保留的提出意見，我認為從客觀體制來看親屬聯盟比結構切入要好，因為心理—情感相互作用的平衡過程，不是語言學的二元對立結構。此外，先前關於文化

的普遍交換性質，針對李維史陀不適切的結論所提出的異議，我曾加以補充說明，只有超越以伊底帕斯癥結分割的家庭核心，才可以重建所有文化親屬體系內在固有的態度系統。

不可否認的，伊底帕斯癥結衝突的普遍化必須視其結構面：兩性與世代間的緊張關係。根據不同的文化，個體在幼年時期必須「選擇」心理性向，是敵對或認同某一性向、是反抗或渴望另一種性向。同時，世代交替的無情法則便成為阻力。性別與世代出現在所有的文化中，包括最簡單的夏威夷稱謂制，都存在不同種類的親屬分級。

在這裡免不得要提到伊底帕斯經典架構圖型，關於幼兒非父非母的性傾向。事實上仔細思考環繞幼兒週遭的家庭核心情緒關係，傾向一個男性化的母親、或是「和藹的」父親的形式，不言可喻。如此便構成負面的伊底帕斯癥結，或是相對衝突的正面結果，後者存留在我們的文化，一般來說是停留在潛意識中。這種倒置伊底帕斯癥結的存在，佛洛伊德將其衝突架構表達如下：

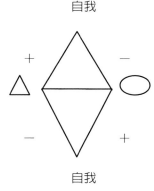

正向伊底帕斯癥結

自我

自我

負向伊底帕斯癥結

只要稍加變化，李維史陀的分析便適用於西方文化。例如：舅舅的角色是雙重反向的父親，也可化身成為父親或舅舅、或是老師、或其他類似的角色。我們在這裡舉一個例子解釋：那比瓜拉的交表婚文化是訴諸親屬間的強力情誼，我指的是男性表兄弟之間，從年輕時期建立的偏好傾向，當中不排除同性戀關係[101]。這種本能發展的相互關連可見於其他文化的幼兒身上。事實上，有些心理學家所稱的青春期同性愛階段（可追溯至伊底帕斯原始階段幼兒對父親的性幻想），我們知道的教父文化便是一種類似的現象[102]。

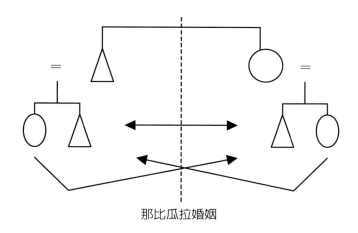

那比瓜拉婚姻

看起來十分特殊的那比瓜拉例子，可以幫助我們對交換婦女的性本能背景加以了解：兩個男人決定轉讓最珍貴的資產，

[101] 前面業已提及李維史陀關於那比瓜拉的親屬關係特徵。
[102] 佛洛伊德，〈惱人的精神官能症〉，原文，1470-1472。

也就是其氏族的女子，藉以建立難以界定的情感連結關係[103]。這個結構不但可滿足其異性戀本能，同時也滿足了他們之間的同性戀本能，誠如佛洛伊德所言，這是所有社會建立的基石[104]。

要了解這個分析，就必須知道人類天生具有雙性傾向。其實本能並非確切的聯結目標，反而是根據教育與文化路線所指示的。不論任何性別的幼童，處在難以結合的孤立狀態，對其身邊的人在性吸引力或敵意都是空白的。不論是直接或逆向，伊底帕斯癥結在其辨別、選擇和競爭時都表現出衝突性。說伊底帕斯癥結具有普同性質，是在抬舉西方。

在我們的文化中，幼兒與母親的關係帶有某種色彩，有些學者稱之為**潛意識誘惑**[105]，其實不過是一種特別的交換情節和作用（後哺育形式），進而轉化為不可消除的亂倫想望。

若與其他（不同於社會）跡象確立，幼兒與父親的相互作用是矛盾且對立的。從認同到競爭，幼兒在開始勾勒性向時，將父親的角色象徵化。正如同我說的，不僅只有對母親，對父親也存在引誘、以及強烈的抗拒誘惑行為，這些都造成選擇性向時的困難。這項介於吸引與反叛的二分形式，並不僅只與父親連結，歸納來說，是永久存在與個體相同性別者的關係之中，支配著文化構成的同性戀本能。如佛洛伊德所說[106]，同性戀本能的個體機制：忌妒、報復及仇恨等等作用，總體上來看就像社會性途徑，特別是在解釋婚姻關係時。這個結果可由分析婦

---

[103] 在交換秩序下，被交換的女人被排除成為男人的性伴侶。

[104] 佛洛伊德，《幼兒精神官能病史（狼人病例）》，原文，頁 1979。

[105] 見德維赫斯，《民族心理互補分析》，原文，頁 173，提及這個與其他相關的因素。

[106] 參見其《妄想症病例的心理分析發現》，第三章，原文，頁 1516-1526。

女交換行為，包括西方在內的所有姻親的基本現象加以證明。當存在敵意或不信任感時，只要加以結盟就可以解決一切。原始文化的婚姻有其主要的目的，便是在建立契約以限定行為的界線，相反的，也可能導向危險的狀況。婚禮的慶典儀式就是這種動機的實踐，為了表現一種明確的形式，儘管事實上這種對立感是不言而喻的。在我們自己的文化就存在這種隱藏性證明，尤其是在女方的親戚方面，特別是在婚禮前跟結婚儀式的進行時。林林總總的表現有：在婚禮後的宴會上匆促的避開這對新人，還有婚禮的玩笑行為，如：暫時性的阻擋另一位新人的伴隨、鬧洞房、將新郎的領帶剪成數段來賣等等[107]。

　　有些部分看不出來，但是所有異性戀的結合可以說都是由外產生，對於同性成員性向轉變成競爭、忌妒和報復等心理；比較正面的昇華形式有，友誼或友善的關係，通常兩者都有[108]。

　　就像德維赫斯（Devereux）所闡述的，以廣義的概念來看與「氏族」女子發生性行為這件事，在該氏族男子的潛意識（父親及兄弟們）中這是性的侵犯。有趣的是，女子多對此關係包

---

[107] 其他社會的儀式更是明顯。例如博基曼人舉行結婚宴會時，女方親屬在新郎將新娘擁入懷中時，會進行象徵性棒打新郎的儀式，新郎必須與所有賓客搏鬥。若新郎順利安抵新娘處便可以結婚，相反的，若是被困住時便無法結婚。關於鬧洞房的習慣，請參見 F. Vicente Castro y J. L. Rodríguez Molinero，〈「鬧洞房」：新婚之夜的儀式（象徵人類學觀點的儀式研究）〉，《社會事件簿 25-26 期》，1985 年，頁 111-112。

[108] 人類學對這個心理分析的幫助在於，許多文化的象徵範圍並未對同性戀行為加以抑制，例如前面提及的那比瓜拉，以及其他傾向交表婚的文化。在這些文化中，舅舅成為男子的大朋友或是顧問，而男子未來的妻子——也就是舅舅的女兒，表現出兩者間的情感聯繫。在其他文化（如巴布亞人）裡有一種習俗，父親會將女兒嫁給先前與其發生過性關係的男子。德維赫斯，前揭書，頁 194。

容，感覺受辱的多半是男性，這也出現在荷馬史詩中。入侵者
除了必須陪伴在女子身邊，女子的親戚們在象徵意識中感覺被
侵犯者「雞姦」，只能採取兩種報復形式：對該男子加以性侵犯，
或是接收該男子「氏族」的女子[109]。這裡說穿了就是婦女交換
行為。許多文化的妥協交易形式較為清楚且根本，不像我們的
系統既複雜又籠統，這項本能被隱藏在複雜關係之下，卻從未
失去決定性的影響力。從佛洛伊德的本能理論，到本章重點關
於人類的原始雙性傾向，所有這些論點都包括在本章末所提出
的架構中。

　　對兩種類型對象（母親與父親）的慾望分歧點，與伊底帕
斯癥結和性向認同事實上是一體兩面的。關鍵在於社會與文化
的影響（圖表中的斜體字部分）：在我們的社會，現在我說的對
象是幼童，對母親或多或少產生潛意識誘惑，與父親的連結卻
是多重且強大的壓制。前者引起對母親角色的暫時性分離，並
假性壓抑性的渴望（潛在期），而後者，則是因為對父親角色的
矛盾關係，產生忌妒、仇視和報復心理等等。

　　假設在同血親親屬的原始關係就像這個模式：與母親的溫
柔關係所支配的快感遭遇到亂倫禁忌的限制，那姻親的關係（由
婚姻所獲致的關係）便是另一項普遍潛在的同性聯繫本能。

　　上述是觀察原始慾望演化成今日親屬組織的規範。無庸置
疑的，李維史陀與現今心理學可以相容並存於親屬關係的理
論，並應用在其他文化上。

---

[109] 德維赫斯，前揭書，頁 183-184 及 186。

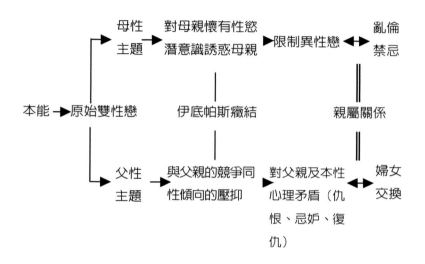

佛洛依德與李維史陀
——動力人類學和結構人類學的互補、貢獻與不足

第三章　圖騰與禁忌、遠古的幻想

1、圖騰思想、幼兒與精神官能症

　　古典進化論、傳播論、文化功能論，都對圖騰主義的問題無法達成共識，李維史陀企圖就人類學理論面對這項難以捉模且模糊的現象，他稱之為圖騰幻想。

　　所有學派放棄將圖騰主義視為普遍化的制度、人類從自然要進入文化的中界，其他後進的看法也將此現象視為難解的異類。為了要獲得結論，李維史陀竊取了圖騰主義的本質與制度，他認為圖騰是：**藉由一種語言，保障現實社會的可變性；藉由相同文字，將自然與社會秩序觀念，傳達給其他的人**[1]。

　　我們現在正在動植物與人類結合的暗喻範疇中。當然，野性的思維並不是定義原始部落的想法（藝術可算是一例），只要明確的分離所有元素，並合理的整理自然產物，不過結果卻總是令人眼花撩亂。事實上，合理的圖騰是廣為了解野性思維的特殊途徑。原始思維的組合（或重組）並非錯綜複雜或無章法，正如李維史陀所說：

　　「原始部落已知道擬定合理的方法以便嵌入偶發的邏輯：關於感情的騷動，與理性中的非理性等雙重觀點[2]。**」**

　　這種古老形式的觀念接近暗喻，我們可以看到其中表現的兩個面向：語言及感性。讓我們停止對這項緩慢進化施以巨細

---

[1]　李維史陀，《鑒於文字》，Espasa-Calpe（馬德里 1984），頁 41。
[2]　李維史陀，《野性的思維》，原文，頁 353。

靡遺的檢驗，因為李維史陀的理論授予明確的邏輯特徵[3]。

李維史陀關於這項課題的憂慮如同列維在《原始靈魂》[4]、與馬凌諾斯基在《原始心理學研究》[5]中所提：以荒謬的表面形式，藉以合理化異國情調的部落。於是慢慢的，李維史陀偏離了這主題，朝向策劃一個可應用兼具全球觀點的理論，如：美學及神話學等等[6]。

誠如前述，李維史陀找到相似的論點，產生新的類黑格爾的種系與個體發展模式，有關三個面向或三種觀念：

——原始的觀念，

——孩童的觀念，以及

——罹患疾病的觀念。

許多作者認為這三種範疇有著深度的關聯，如佛洛伊德及皮亞傑等人，包括掌握交換事實的布龍德哲學。儘管與心理分析學派及皮亞傑心理學派支持的理由些許不同，李維史陀對於孩童及原始部落社會所存在的相似處是贊同的[7]。

關於佛洛伊德的觀點，李維史陀批判他濫用**個體—類屬**的相似性。照佛洛伊德孩童性理論，這只發生於象徵符號上，其形式為：**個體發展的「重複性」是一種歷史假象，事實上是藉**

---

[3] 以下作品對我施行上述檢驗幫助甚鉅：《親屬關係的基本架構》的第七章〈遠古的幻想〉、〈現今的圖騰主義與野性的思維〉。

[4] 列維，原始靈魂，Sarpe（馬德里 1985）。與李維史陀的觀點是完全對立的。

[5] 馬凌諾斯基，《原始心理學研究》，Paidós（巴塞隆納 1982）。

[6] 見 J.G. Merquior，李維史陀的美學，Destino（巴塞隆納 1978），將李維史陀的理論應用於美學。

[7] 見李維史陀，親屬關係結構，原文，頁 129-136。

由實際的語言狀態挑選呈現的模式…[8]

佛洛伊德最為人所知，關於種系與個體發育關聯的推論，在**《圖騰與禁忌》**[9]。這本作品富有大量的臨床經驗，並在進化論和人類學的規律中大膽的推論。我們集中他具建設性的觀點是有道理存在的。因為在撰寫《圖騰與禁忌》之前，佛洛伊德業已對父親的矛盾心理與精神官能症的關係進行研究[10]。這種心理擴散結合超我的存在，一個嚴厲的父親強制幼兒的性慾望[11]，伴隨欲望而有弒父心理的產生[12]。

儘管在極為早期的階段佛洛伊德就發現，許多孩童有更換他人當父親的傾向[13]，就像一些小孩對父親從好奇轉變成為害怕，這種恐懼轉化成憎惡所認識的動物身上[14]。

臨床範圍外也有這種「反叛父親情結」，這點潛藏在一些戲劇主角以及一些偉大的文學作品及經典歌劇的英雄身上[15]。

關於**父親**——**無法擺脫**——**憎惡**這種組合，還有更多例子在**圖騰與禁忌**裡。第一項符合**種系**——**個體發展**相似的限制，可見於精神官能症的糾纏，以及原始部落的禁忌[16]。相同的形

---

[8]　李維史陀，前揭書，頁 131。

[9]　這部作品劃定許多人種精神病學的起源與紀律的研究，並嘗試從文化規範的觀點了解精神疾病的發生。參見 F. Laplantine，《人種精神病學導論》，Gedisa（巴塞隆納 1986），頁 17-18 及 57-65。

[10]　佛洛伊德，〈精神官能症病例分析〉（1909），原文，頁 1445。

[11]　佛洛伊德，前揭書，頁 1454。

[12]　佛洛伊德，前揭書，頁 1464。

[13]　佛洛伊德，〈小說類似精神官能症〉（1909），原文，頁 1363。

[14]　一個對動物害怕的案例「小約翰病例」，佛洛伊德，〈分析一個五歲孩童的憎惡〉（1909），原文，頁 1435。

[15]　佛洛伊德，〈戲劇人物的變態人格〉（1905），原文，頁 1273。

[16]　佛洛伊德，《圖騰與禁忌》，原文，頁 1764-1765 及 1769。

式發生在反獨裁的心理（有時候充滿敵意卻又加以保護），原始
部落對其國王的支持，就像孩童對長輩的感覺相似[17]。

如此一來，根據兩者的相同點，建立以下包括物種類屬與
個體的完全關係：

種系發展	個體發展
泛靈論階段	自體觀時期
宗教階段	客體選擇時期
科學階段	原理概念成功[18]

在這種看法下可加以解釋心理分析、圖騰、亂倫禁忌的文
化起源、孩童心理與伊底帕斯癥結的最重要概念[19]。孩童應該
屏除亂倫慾望並加以昇華，進而選擇正確的文化觀點。觀點基
礎應建立於對父親的認同感、超我的誕生以及潛伏期的開始。
這些關於種系與個體發展的概念，不僅出現於《**圖騰與禁忌**》
一書中，更是全面推展於佛洛伊德的所有作品中[20]。

---

[17] 佛洛伊德，前揭書，頁 1779 及 1787。

[18] 佛洛伊德，前揭書，頁 1804。這部分請見本書第一章的相關研究，可
以清楚的觀察到系統發育的階段有康柏德哲學的正向影響。

[19] 佛洛伊德，前揭書，頁 1830-1831。

[20] 這些相關的研究我沒有全部收錄於此，因為若我這樣作，這章將會變
的十分龐大。請參閱以下作品：佛洛伊德，〈日常生活的變態心理學〉
（1901），原文，頁 785，比較孩童心理與神話的相似處，以及初期部
落的情形。〈兒童的性幻想〉（1907），原文，頁 1246。一個孩童及所有
人類的疑問：小孩是如何誕生的？相同立論可見於，〈兒童性理論〉
（1908），原文，頁 1265-1266；〈精神妄想症的觀察與心理分析〉
（1910），原文，頁 1528。這裡有黑格爾律法的說明；〈心理分析的多

　　當然有人會說，所有關於原始游牧部落的故事、弒父動機，以及因罪惡感所產生的親密關係等等，只不過是神話罷了。但是一則神話卻讓他傾全力揭露並解釋，關於這點李維史陀的解釋是猶豫不決的。佛洛伊德視《圖騰與禁忌》為人類渴望騷動的象徵，李維史陀認為這種看法是錯誤的，不應該從神話出發，他認為正確解釋神話的方法是始於經驗，終於結構[21]。

　　十三年後，如同克魯柏，李維史陀對於佛洛伊德的立場依舊強硬，恨不得可以將之除去而後快。雖然佛洛伊德承認達爾文游牧部落並非歷史特性，但是李維史陀並不感到高興，反而變本加厲，一副恨不得奪去佛洛伊德所有價值的姿態。依照我的觀點，他的這些反應無須考慮社會規範因素，也不存在什麼原因論。關於這個問題，李維史陀引用涂爾幹的觀點：

　　「在產生內在感覺之前，習慣就像外在的規範，這些規範**引發**個體知覺，就像是必要的狀況[22]。」

　　又過了二十三年，在他最後的出版品中，李維史陀發現到佛洛伊德擅長的心理組織協調（psicoorgánico），正可以完美精湛的深入神話語言的規則。不過，這位結構主義家認為這項規

重興趣〉（1913），原文，頁 1863。要知道心理分析如何幫助重建歷史文明，〈參見兒童精神官能症史〉（1914），原文，頁 1992，當中有論及泌尿—激情。這作品也有論及過去的系統發育對精神官能症的形成的重要影響：頁 1995、1998、2001、2004 及 2007。〈對戰爭與死亡的今日看法〉（1915），原文，頁 2209。對個體與民族的相似發展進化；〈壓抑、病徵及痛苦〉（1926），原文，頁 2843。關於孩童階段的圖騰主義，頁 2868。關於閹割情節；頁 2872-2873，提及過去的系統發育對於潛伏期的影響。

[21] 見李維史陀，前揭書，頁 568-570。

[22] 李維史陀，《現今的圖騰主義》，原文，頁 106。粗體強調部分是我自加的。關於圖騰與禁忌的課題，可參見前兩頁。

則並非唯一，並且無法完全套用於所有神話[23]。因此，李維史陀解釋心理因素是不可屏棄的：

「無庸置疑的，社會本能具有個別歷史及心理來源，除了社會經驗外，尚包括物質世界所賦予的壓力所挑起的強烈好奇心，而這確實發生在小於五歲的幼童身上[24]。」

這項心理的、生物性的因素，是心理分析的範疇。不乏皮亞傑關於原始社會近似於西方孩童心理的想法。

假使我們考慮到原始社會的文化是成人文化，怎麼可能與西方孩童思想如此相近？

另一個我們會提出的問題是，要如何比較成人精神病患者與一般孩童的思想？我們可以仔細推敲**退化**的現象嗎？

最後，將一個正常的土著思想與一個患有精神疾病的歐洲人放在同一個平面是否可行？

為了回答上述所有問題，李維史陀捉住了**退化**觀念加以解釋，但是這卻改變了原本動態心理學的經典意義，暫時失去其涵義，不過可以跟其他學者稱為文化萎縮[25]或去文化相比較。李維史陀說：

「幼兒思想代表所有文化、及所有思想的公分母[26]。」

孩童的思想普遍基礎是同質多形的，因為還未經過嚴格文化規範的修改及引導。這種文化萎縮就某部分而言，可以跟其他去文化思想有所關聯，例如：原始思維，儘管後者的文化萎

---

[23] 李維史陀，《善妒的陶工》，原文，頁 168。

[24] 李維史陀，《親屬關係結構分析》，原文，第 133 頁。

[25] 參見 F. Laplantine，前揭書，頁 80-82。認為德維赫斯的文化萎縮定義是一種文化被部分遺棄的過程。

[26] 李維史陀，前揭書，頁 135-136。

縮一般了解是由於西方文化，並非其他原住民文化的影響。相
同的情況發生在心理疾病患者身上。根據文化移植心理學，精
神疾病是一種社會生活及文化萎縮的過程，或說是對文化象徵
的錯亂，一般而言，文化是由個體所支配的。李維史陀並未如
我這般解釋，因為他不認識文化萎縮，一個可以用在解釋致病
因素、原始部落及孩童的思想觀點。

既然如此，我們得到以下結果：
（1）原始觀念及病理學，或致病因素與幼兒知覺是區隔
　　　開來的，也就是說，成人的思想就如同前二者，曾
　　　在或依舊沉浸在一種相同文化當中。
（2）致病觀念及幼兒知覺是對應的，因為兩者皆去社會
　　　化，儘管方式不同。原始未開化的觀念是完全嵌入
　　　在一個文化團體中。
（3）幼兒知覺及原始觀念一致，並不是因為後者較前者
　　　古老，而是因為孩童的思想沒有原始思維廣泛，並
　　　且建立在相同本質上。以上是相異及相似點。就相
　　　似點而論，我覺得特別需要知道，一般的、西方的
　　　三種觀點，不但重要、突出並且影響成人，進而造

　　成一些文化萎縮。

2、野性的思維

　　在了解前面的章節後我們不禁要問：對李維史陀來說圖騰主義是什麼？

　　這位奧地利民族學家對圖騰主義的看法，或許我們應該稱作是對圖騰的幻想較正確，較前面那些人類學家少了許多。李維史陀認為，圖騰課題隨著時間逐漸失去重要性。原先民族學家們對這個領域極有興趣，但是不像對親屬關係研究那般持久，相關人類學論文發表逐漸稀少。我們看到最偉大的編蒐家佛萊澤，將這個課題與外婚制現象加以分離[27]。佛來澤在對圖騰主義最主力批判的作品金枝中，宣告圖騰並無普遍性，減少世人對圖騰的價值感動。鮑亞士、羅威、黎佛士也繼續加以忽視，更別提那些功能主義或其他學派。總之，圖騰主義難以獲得令人滿意的解釋。李維史陀說：

　　「是一種偶發的、不確定的因素安排。是一種特別組合，以一定數量的事物及可觀察的經驗為根據，但這並不是一個組織概念或社會自然意圖，而是原始特質的引用[28]。」

　　事實上，對李維史陀來說，圖騰主義並不是一項制度，而是一種思考模式。概括的說，他不是從外部而是由內領會，發現圖騰置之於哲學研究下較民族學好[29]。

---

[27] 參見其重新出版的有趣作品，佛來澤，《圖騰主義》，Eyras（馬德里1987）。

[28] 李維史陀，《今日的圖騰主義》，原文第15頁。

[29] 儘管他對哲學讚賞多年，但是出現較晚（1984）。參見李維史陀，《鑒於文字》，原文，頁40。

　　我們曾提及野性思維的例子，依照暗喻的方式，一旦呈現退化，相當換喻的馴化思想立即消逝。

　　在這種相互關聯的關係下，李維史陀認為他們的表現是分離而不相連的：

野性的思維（圖騰）──▶ 暗喻（語言借喻）──▶ 音樂
馴化的思想（科學）──▶ 換喻（提喻法）──▶ 繪畫
語言、知識理論以及最主要的美學：分屬不同的反照。

　　李維史陀式的美學，遠離對野性思維的領會。其支撐的主要基礎建於聯合藝術──社會以及**浮動意義**的理論之上。此外，在撰寫《神話學》的時代，他產生對音樂、藝術和尤其特別的小說等，固有社會批判藝術觀點。

　　我們針對他對結構美學的發展，以及對其往後處置圖騰主義、野性思維及神話相關的興趣與影響來作一個小小的解釋。

　　在《憂鬱的熱帶》中，藝術填滿了結構社會所留下的空隙，並適時掩飾其矛盾之處[30]。所有的社會都存在一些次邊緣個體，這些人烏托邦式的實現理想。而這些解決方式通常試圖掩蓋社會的匱乏。諸如此類活動獲得實踐，都是因為人類的象徵存在意義與涵義的不對稱，造成**意義的浮動**。所以，藝術與神話是人類剩下唯一可以自由支配，了解世界意涵的方式[31]。

　　在《野性的思維》中，李維史陀將其美學想法集中在藝術物品，並闡明李維式的的理論知識。將藝術幻想轉化為客體思

---

[30] 參見李維史陀，《憂鬱的熱帶》，原文，頁 199-203。
[31] 李維史陀，〈牟斯作品導論〉，於牟斯，《社會學與人類學》，原文，頁 40。

考，這種認知方式造成整體較部分更形重要[32]。以上這種特質正是以美學論科學的特點。

存在著一種概括性認知解析（換喻）及美學（暗喻）的方式。

李維史陀漸漸著重客體以及藝術作品（他認為是符號系統），淡忘主體意識及直覺。面對沙特略，他的立場堅定，認為野性思維是一種兼具分析及概括的思想，是幾近敏感的，令人無法區分究竟是屬於觀察階段抑或僅只是詮釋。在這種模式下，他試圖進行相反立場的綜述（唯理智論者與反美學唯理智論者），不放棄任何解放藝術的可能。

採用美學的觀點探討圖騰，李維史陀並不放棄長久以來以語言的表達作為思考切入，將暗喻與圖騰的功能相結合的意圖明顯。

暗喻並非遲緩的言語裝飾，而是一種深化的方式。與盧梭反對建立平權相同，是一種推論思考的方式[33]。

語言意味著彰顯個人當下的感覺，而非過去，當然此種論法陳舊。這個看法表示，李維史陀身處始於雨果、盧梭與心理分析的傳統，前者是其象徵表達的價值所在，後者則形塑其概念。但是，他並未繼續這些作者熱烈富感情的，關於暗喻的思想。李維史陀對暗喻的看法正好與他們形成對比（或相對立），他認為這只是一種古老通用，理解含義結構的方法和從不陌生的知識。最後的這點，李維史陀在處理圖騰主義的課題上，清楚受到盧梭的影響。盧梭有一套關於語言的理論，他斷言原始

---

[32] 李維史陀，前揭書，頁 389-390。
[33] 李維史陀，《現今的圖騰主義》，原文，頁 148。

部落的生活體驗近似於動物，他說：

「區別的能力如同被區別的能力，也就是說，類屬相異的概念就和社會的多樣性一樣。[34]」

這就是李維史陀對圖騰的看法。他認為圖騰並非一種實體存在的現象，而是一種特例，**一種人與自然之間的關係模式**[35]。

總之，圖騰是領會及觀察文化的特例，人類將與自然的直接關係，滲透到所有知識領域的範疇。而這些正是邏輯的具體特徵。

被我們稱之為原始的文化，卻熟捻今日我們認為由科學才可提供的卓越知識，如：植物學、氣象學及動物學等[36]。當然，這些知識的獲得方式，以「原始」科學與現代科學的方法相較，是截然不同的[37]。原始思想的表現就如小爐匠（bricoleur），東拼西湊的編入之前文化的碎片，沒有一個確切的藍圖。無論如何，儘管這項活動實行於一個充滿拼湊痕跡的世界，卻從未因此獨斷獨行。世界若是封閉的，相互矛盾的內部必定是將要形成某種特別結構的因素。

面對自然的考驗，我們應該了解在原始思維的深處，圖騰主義及其他有趣的現象，好比我們下一章的主題：神話。

---

[34] 李維史陀，前揭書，頁 147。

[35] 李維史陀，前揭書，頁 51。

[36] 參見〈植物學、動物學及圖騰的分類〉，李維史陀，《原始思維》，第一及第二章的蒐集，原文，頁 11-114。

[37] 李維史陀稱原始思維是「初級」科學，不是原始的，表示他逐漸清楚時間順序以及對異國情調部落的稱呼，見李維史陀，前揭書，頁 35。

佛洛依德與李維史陀
——動力人類學和結構人類學的互補、貢獻與不足

第四章　神話及潛意識

1、象徵及神話的心理分析

1.1 佛洛伊德的象徵

　　若說文化是人類唯一的遺產，象徵應該就是人類特別具有的能力。許多學者認為，猿猴與人類唯一的分歧點就是，人類借助象徵為橋樑，一旦習得後代代相傳。假設文化可由個體習得，那麼動物皆可達到與人類相當的程度，但是，學者告訴我們，文化是：**一個累積人類與世代的行為學習產物，在積蓄諸多學習方法後，才有可能創造與運用象徵；若這種學習能力靜止無法發展，人類將和動物無異**[1]。

　　誠如上述，人類的記憶力與敏銳程度，與自然界其他物種相較下並非十分突出的，正確的說，人類是由於擁有象徵能力。卡西勒從人類學角度認為，可由象徵來界定動物與人類[2]。

　　在清楚知道語言與象徵為建構文化的特性[3]，接著要了解，是什麼造成如此重要的潛力?以及如何執行?我們可以這麼定義：**象徵就如同直接或間接代表某種事物的符號**[4]。在這種情況下，又可分為較自然的（符號）或專斷的（象徵）。

　　從語言裡我們可以發現關於象徵的特殊例子，一連串意義

---

[1] 畢爾（R. Beals）及霍喬（H. Hoijer），《人類學導論》，Aguilar（馬德里 1976），第 281 頁。

[2] 參前註，凱西勒，前揭書，第 49 頁。

[3] 荷貝爾（E.A. Hoebel），《人類學：人類的研究》，原文，第 31 頁。

[4] 摩拉（J. Ferrater Mora），《哲學字典》，Alianza（馬德里 1982），第 3039 頁。

（口語、書寫、或手勢）有其特別定義——般來說都是具有專斷性質。由於人類擁有能力，不但可以快速藉由經驗傳送，並可結合意識中的特定與獨立事件，運用心理連續性加以反應。然而，此種象徵觀點並非集中於心理分析，而是具有其他不同性質的**意義**——**涵義**關係，以及**依賴**——**主動**的內部獨立結構。這項與概念及語言相反的觀念，被稱為象徵的裝置，如同我們所見，建立在文化、神話、信仰及夢等現象的基礎上。

　　一般認為，佛洛伊德關於象徵的想法，出現在其**《心理分析導論篇章》**[5]中對夢的象徵意義。他說：

　　「夢的肇因及解析的連串關係中，我們可以稱之為象徵，因為象徵的建構與夢的潛意識是相同的因素。」

　　但是，我認為這項詮釋並不適用於佛洛伊德心靈論中的象徵歷程。以文學來看，這篇文章過於強調同質性。正如同史朴柏（D. Sperber）的評論[6]，或許我們可以說從未有相同不變的解釋，夢具有某些穩定的因素與表達的象徵意義。佛洛伊德對於夢的兩種觀念所汲取出的象徵主義，太偏狹於症狀學理。也就是說，他企圖超越語言規則，擺脫象徵的結構。相反的，語言的象徵並不意味著確切的事物，亦非唯一指涉與絕對的解釋，僅是發生於言語溝通時。

　　然而，心理分析的濫觴卻是集中於佛洛伊德的定義，如佛

---

[5]　佛洛伊德，《心理分析導論篇章》，（1917），原文，頁 2213。
[6]　史朴柏（D. Sperber），《象徵主義總論》，Anthropos（巴塞隆納 1978），頁 58-59。

氏所說的「夢的象徵意義[7]」，將象徵的結構由四分形式交替抉擇，夢的產生乃在於濃縮，及替代不安的表現。

安娜佛洛伊德如此解釋：

「象徵為穩定不變的關係，通常為有效且確定的內容，尤其是在替代有意識的文字或事物時[8]。」

瓊斯（E. Jones）的象徵理論亦抱持相同看法，尤其在性方面。當我們必須以極少的想法面對大量的象徵符號時，是很難加以系統連結。事實上，頂多僅能做到確認潛意識的特質，並將象徵概念與其他事物的連結（瓊斯稱之為暗喻或旁系）加以分離。所有心理分析理論最後都強調這個特性：

「象徵被心理分析視為確切元素的基本要件是：象徵受到壓抑的狀況下[9]。」

佛洛伊德對象徵問題建立了一個有趣的出發點，承受壓抑必成為潛意識，隨後將所有黑暗面或隱藏的秘密加以文字化的解釋。事實上，從一開始這位心理分析學派的創立者便一直注意著人類追求溝通、欲望的滿足、需求的宣洩等相關課題。舉例說明，當一個孩童有任何的不滿足，其內在情緒的不安將轉化成行動，如：喊叫，如此一來將會有外來的回應。他便藉此辨認與回應者的關係[10]。然而，並非所有的壓力或內在力量會表現出來；有些將繼續存在「內在區域」，儘管個體並未知覺，但將隨之成長並影響日後許久。對孩童來說，不論是真實或虛

---

[7] 佛洛伊德作品中最為人熟知的篇章，《夢的解析》，（1900），原文，頁559。.

[8] 安娜佛洛伊德，《本我與防衛機制》，Paidós（布宜諾 1983），頁 25。

[9] Talleferro，《心理分析的基本課題》，Paidós（布宜諾 1981），頁 137。

[10] 佛洛伊德，〈精神官能症患者的心理學計畫〉（1895），原文，頁 229。

幻的經驗及原始生活印象,或許會略有所變動,這種自然現象稱之為**隱藏的記憶**。以佛洛伊德的話來解釋,這是一種象徵的關係[11]。當沒有任何總體聯繫,當象徵的歷程顯現,將會產生一種啟動情緒性經驗的過程[12]。相同的觀察出現在精神官能症的研究中,如佛洛伊德提到的自發性因素,念頭的產生,以及病發時的無意義替代動作與隱藏的關係。上述關係也可作為象徵的解釋,但是替代動作卻可以和許多不同的領域產生聯繫[13]。

最後,象徵的制訂與詼諧的形成存在某種相似性。佛洛伊德在一篇文章提到要區別影射、嘲諷及詼諧:**在詼諧之後產生的精神過程中,我們有片刻是陷落於潛意識**[14]。有沒有覺得類似象徵的歷程嗎?

以上的分析是為了要觀察佛洛伊德處理象徵的基礎,一種近似確定過程的制訂,不同於任何思考或語言意識的改變。這種形式無法減少普遍對象徵概念的疑問,也就是關於潛意識的規則:任何對象或多或少都成為性壓抑的象徵,也無法弱化日常語言的象徵概念。此想法賦予象徵心理分析另一條路徑。蘭克(O. Rank)將佛洛伊德解析夢境的手法應用於民俗與神話學。我們將在這章的下個段落看到一個上述的應用例子,手法或許非常文學化,但我只是要指明,藉由新的文化人類學工具可以獲得多樣且正面的結果。若企圖了解神話或儀式,只要與

---

[11] 佛洛伊德,《隱藏者的記憶》(1899),原文,頁 337。

[12] 此點我繼續 G. Rosolato 並不存在限制象徵行動領域的看法。參見 G. Rosolato,《象徵的篇章》,Anagrama(巴塞隆納 1974)。及史朴柏,〈最近觀察的相似困境與象徵機制〉,前揭書,頁 171-179。

[13] 佛洛伊德,《糾纏的行為與宗教行動》,(1907),原文,頁 1342。

[14] 佛洛伊德,《詼諧與潛意識的關係》,(1905),原文,頁 1124。

其隱含的內容結合，將不會有荒謬不合理的結果。我們可進行象徵的聯想，但是永遠無法對其完整詮釋。榮格完全意識到，夢如同偉大文化基礎的重要訊息來源，但人類制度卻很少全面反映其重要性[15]。關於夢的破譯，他說：**最好的方式是將夢看成一個全然陌生的對象；以正確的方式將他放在手上仔細衡量，放棄想像，從各方面加以檢驗，並向其他人訴說**[16]。

　　了解象徵的道路由另一個為人熟知的心理分析作家拉康加以延續。這位作家以李維史陀的結構人類學及索續爾的語言學這兩大概念，深入檢視他的佛洛伊德路線。對拉康而言，人類存在於一種三面向的架構中，其重心為事實、想像以及象徵。想像占人生第一個時期的支配地位（前伊底帕斯癥結時期），而象徵則是伊底帕斯癥結時期的主力。拉康的象徵秩序法則，或可稱是人類秩序法則，具有一定重要程度組織並限制他者的存在。他強調文化—象徵關係，正如我們所知存在於孩童的社會整合，以及超我形成的核心所在時期。這些觀念所提及的關係十分廣泛，也許較趨近語言學，所以挑動新心理分析學派誕生並不為奇[17]。

　　繼續佛洛伊德象徵概念的作家們，包括我曾提到的呂格爾，他們縝密思考象徵、並研究本我意識的起源的觀念，認為在有抽象語言之前，本我是象徵主義的基石[18]。象徵是比語言

---

[15] 榮格，《變態情結與潛意識》，原文，頁 15-16。
[16] 榮格，前揭書，頁 71。
[17] 參見拉康，《家庭》，Argonauta（巴塞隆納 1982）；《描寫》，Siglo XXI（墨西哥 1984）。後面我將就拉康及李維史陀的關係，進行拉康式的價值評論。
[18] 呂格爾，《限制與罪》，Taurus（馬德里 1969），頁 243。

還要原始的形式，不但是神話的基礎，也是許多人類文化事實的根本。象徵沒有恆久不變的解釋，唯一不變的是**象徵不是藉由明白解釋的手法，而是以誨暗不明、令人費解的方式向我們傳送訊息**[19]。

對呂格爾而言象徵匯集了兩種對立功能與雙重矛盾：一方面試著揭露，另一方面卻又隱藏性本能的目的。象徵就在兩者交相協調下誕生，而這項過程十分接近昇華的概念與文化的目的[20]。

後面我們會繼續這些主題，現在我將試著藉由故事形式的象徵，也就是神話，來建立心理學及人類學的關聯性。

1.2 以心理分析為重點的心理人類學對神話的處理

神話可以從不可計數的觀點切入。基本考慮在於觀點的產生是獨立的，或集體性的。就像文化的多樣性，對人類來說是非常有趣的。但是我們不應該忘記，面對哲學的「關鍵」之一，人文科學的有趣事實，神話不過是一種故事化的象徵；或是我們可以症狀學為試金石，加以區分神話象徵或概念象徵。每個專家，不論是語言學、人類學、哲學等等，往往戴著有色眼鏡看待這項事實。然而，我們不應該對無法提供某種概念而失望，反而應該將其結合。神話是多用途的，結合人類的感性與理性，就如李維史陀所言，神話是介於自然與文化之間。

儘管有眾多詮釋，人類學及心理學在許多時候都表現得像是同伴理論，或許兩個領域的專家們已有所認知，尤其是在神

---

[19] 呂格爾，前揭書，頁 253。
[20] 呂格爾，《佛洛伊德：一個關於文化的解釋》，sigloXXI（墨西哥 1975），頁 434-435。

話的範圍，也努力在這個領域協力合作。從不同的重點切入，以下我將標示出心理人類學最突出的表現點[21]：

a.象徵理論：

進化論對神話有許多觀點十分天真，心理分析才能真正領會神話的內涵。前面的理論談及神話，認為是合理化原始思維的一種方式，其實非完全如此，其主要重心在人類的起源[22]。心理分析並沒有超越任何的偏見，只是給了一個最適合神話的理論框架。神話表現出人類在夢境的集體相似性內容。也就是說，內容並非完全具有意識的，但也非絕對的無意識。像失眠正隱藏著我們內心最深處的慾望[23]。夢與神話[24]結合，如此一來，夢境內容可成為神話故事，潛藏其中關於性本能的背景必定被發現，也必為社會所接受。這種說法實在太有趣了。在上述兩種詮釋方式中，佛洛伊德發現潛意識的歷程[25]：

濃縮：神話壓縮、匯集人物原本分離的元素，與其相對因素。這樣的形式可由普羅米休斯的神話為例。普羅米休斯與艾比米休斯兩者的角色若合而為一，便可形成人類個性的總合。

---

[21] 很自然地，我再此處將重點放在心理分析學派，下一段則重點集中於結構觀點。

[22] 其中最出眾的觀點應屬佛萊澤，天才的故事家及文化資料編蒐家，可惜他的釋工作稍嫌不足。參見其對普羅米休斯的神話觀點：「…我們很難不下這樣的結論，在如此寬廣的世界，擊石取火一次又一次地被發現；從這個例子，我們不免假設像普羅米休斯這樣的發現者，他的幸運發明有可能從地球邊緣被傳遞開來…」。佛來澤，《關於火的起源神話》，Alta Fulla（巴塞隆納 1986），頁 209。

[23] 記得呂格爾的觀點，前揭書。

[24] 包括有些作者認為神話是夢的集合體。參見蠻克，《夢與神話；佛洛伊德，《夢的解析》，Alianza（馬德里 1976），頁 128。

[25] 在其作品《夢的解析》，原文，頁 494-592。

另外潘朵拉的角色既誘人又美麗，也可以說是壓縮所有人性會產生的**弱點於一身**[26]。

　　替代：替代是神話另一個最重要的部份，也可視為次要癥結所在。神話故事的內容表現，不如扮演的角色具有潛在決定性。

　　次要擬訂或注意其代表性：夢與神話的主要貢獻在於，支持使神話得以敘述的意識及概念。

　　有所限定的**象徵主義**：將意有所指的潛意識內容加以系統性連結。例如：當提到家庭或房子時，是象徵女人或母親的肚子。很多人想要減低這種象徵主義式的心理分析，他們試圖略過或否定反應的形成機制[27]，以減少對神話學的批判。我認為榮格的看法並不恰當，因為他認為一連串象徵內容及原型可由遺傳加以傳遞。他企圖以此解釋一些普遍性內容及架構的重複出現，讓自己陷入十分封閉的象徵本體論[28]。

　　讓我們回到心理分析開始的概念，當然，要解釋神話得順著前面的程序。關於夢境，我們可以追溯其自由聯想的基礎；至於神話，這項聯想則由分析不同內容所替代，像是描述的自由聯想、文字語源學、涵義的關聯性等。

　　以下我要引述一則例子證明此類分析可以套用於神話。這部分將以最具典範，表現軍事教育訓練的：古羅馬軍團加以進

---

[26] 引述普羅米休斯的神話為例，將於後面檢驗其結構與動態。

[27] 參見普羅米休斯神話解析，佛洛伊德，「『反應的形成』如同解釋神話的機制」。佛洛伊德，〈關於火的征服〉，（1931），原文，頁3090-3093。

[28] 可以在榮格的原型與潛意識集合，Paidós，（巴塞隆納1984），頁144-161中，觀察到這些原型的特點。另外，與我的評論相近者，可見 A. Lorenzer，《評論象徵的心理分析概念》，Amorrortu（布宜諾1976），頁26-28。

行。我將在這個框架下，開始分析著名的頌歌：**死神的情人**[29]。
這個讚美詩的內容如下[30]：

> 鬥牛場中沒有人知道
>
> 剛才那個士兵是誰
>
> 如此大膽魯莽
>
> 自動登記入伍

　　一開始便描述出該名士兵兩個令人深刻的觀點：成謎的出身及行為舉止。缺乏身分認同及登記入伍的動機，勾起令人想要一探究竟的興趣。該名登記入伍的士兵的生命已隸屬公眾，但是他之前的生活則留在一個無人知曉，至少是軍團以外的地方。這點給我們一種印象，就是它具備兩種閱歷，存在著一種類寫實與舞台的雙重分離中。從另外一段讚美詩：**士兵頌歌**發現，這名士兵有意識的隱瞞前階段的生活：

> 我們是隱姓埋名的英雄
>
> 沒有人渴望知道我是誰
>
> 一千個不同方式的悲劇
>
> 在形塑生命中經歷
>
> 當一個人得其所

---

[29] 挑選這首頌歌有兩個意圖：

　a. 證明並非只有文化，其實連制度、原則與次文化都有神話的存在。在孟德佩稱為社會心理分析的框架下分析軍隊的神話，能開啟針對這項教育訓練更廣泛的研究。

　b. 嘗試在涵義的秩序下表現死亡的性本能。相較於佛洛伊德人類學派有關愛神的影響，此項性本能在文學的心理分析中實在太不受注目了。

　除了上述兩點，我不清楚是否曾有人對這首令人費解的死神的情人頌歌加以詮釋。

[30] 所有不同軍團頌歌收集在軍團招募宣傳服務歌曲中，多半沒有註明作者，只會提及*軍團*。《歷史概述》（Ronda 1981）。

他的過往並不重要

誨暗不明的開始讓我們牽掛，隱約可以判讀該名士兵的行為舉止同前面描述一樣的大膽魯莽。繼續分析頌歌另一段落的資料：

沒有人知道他的歷史

除了該名士兵自己

巨大的痛苦折磨

心如灰狼

明顯可見的，該名士兵的過往有不為人知的黑暗面。其生命歷史由一千個悲劇所組成。惟一一個清晰的方向是：他想遺忘過去。軍團「自以為」與士兵有強烈的內在聯繫。不愉快的感覺縈繞在心，這裡提到心臟，一般的看法，器官內臟多是情色的象徵。此處使用簡短有力的方法表達內在創痛：心已被折磨如灰狼。

進入軍團可能被認為是贖罪的方式，情愛受挫的陰影依舊潛藏在該名戰士心中，而這個創痛正是促使他決定接受軍事訓練的原因。

灰狼的角色在其他的神話中象徵壞男人，在這裡的作用可能用來與這位失戀者相對比。

讓我們回到這個表達集合：心折耗如灰狼。灰狼以雄性「姿態」似乎想要提供我們一個軍人的模樣，強壯堅毅的外表以及一顆破碎的心。記得斯巴達男孩的故事，與其被發現他偷竊雄狐，他寧可被這隻動物吞噬他的內臟。這裡要說的是：過度的平靜其實正隱藏著極端的毀滅性力量。

> 若是有人問他
> 答案是痛苦粗獷

　　沒有內在的探究，士兵對於人們的提問回應以「痛苦與粗獷」，兩個經常出現於頌歌中的形容詞[31]。痛苦的主題一向充滿讚美詩主角富感情的生命，主角的內在強烈苦痛必須有一些可見的證據來表現其強度。戰爭的創傷可以集中內部的力量，也許還有更劇烈的方式可以達到這個目的。粗獷可能在減弱痛苦，或是隱含前面所提的雄性英勇姿態。然而，以上這些意含暗喻並非全部，接下來的副歌不但重複兩次讚美詩的關鍵，並有針對士兵的描寫：

> 我是一個不幸的男人
> 被獸爪重創
> 我是死神的情人
> 將以繩索與
> 這位忠誠的同伴緊密結合

　　依照希臘命運的風格，幸運是引導英雄走向死亡的道路。這個看不見的力量，比個體力量更強大，是影射先前戀愛創傷的責任[32]。最後指出士兵並非自身命運的主人：

> 士兵，士兵
> 獻身於戰鬥
> 隨意放棄幸運

---

[31] 痛苦或相關衍生字共出現三次，而粗獷的則出現兩次。
[32] 注意這裡所提的是帕兒卡，希臘羅馬神話中負責編織人類想法，消瘦憔悴的靜默紡紗女們，隱含命運經由女人決定的意義。見 J. Humbert，《希臘羅馬神話》，（巴塞隆納 1969），頁 85-86。

生命是個偶然

〈士兵之歌〉

要實踐英雄事蹟得冒風險，所以將生命置於危險的經歷是
經常不斷發生的。作者刻意減低英雄遭遇獸爪重創的幸運，這
個用意在不著痕跡並具侵略性的防堵情慾出口。

獸爪帶領我們進入受挫的主題，不過此處運用較根本的形
式，意指女性。大自然充滿侵略性與敵意，透過「野獸」隱含
壞母親的意象，也暗喻死亡[33]。壞事指的就是情慾，追溯開始
的母性環境，引領主角到一個具有攻擊毀滅傾向的帝國，替代
情愛位置的是一群不幸悲慘的烏合之眾。死神的情人的身分認
同，強化了這個奇怪的組合。為了要忘卻悲傷的意念，希臘人
的確以死神代表令人愉悅的象徵，有時候他們以愛神代表破
壞，毀滅之炬[34]；但是這裡指的是由感情所引起的死亡。這個
感覺在標題為「死亡的精神」的**士兵綱領**中表達無遺：

「陣亡是最高榮譽。不會死超過一次。死亡將毫無痛苦，
死亡並沒有一般人所認為的那樣可怕。最可怕的是像個懦夫般
的活著[35]。」

最後一段對生命的讚頌並不出人意表，因為在軍事訓練中
有明確的作用。在這些讚美詩中，我們可以貼近情感及個人觀
點，進一步揭露紊亂混雜的情慾，以及死亡的傾向。

這個例子中是他自尋死亡，並非為了勝利而是為了結果。

---

[33] 「佛洛伊德的作品缺乏壞母親...。回到死亡的象徵，或充滿不明危險
　　與殺機的殘酷大自然。」孟德爾，《反叛父親》，原文，頁92。
[34] J. Humbert，前揭書，頁114。
[35] 內容出於前述軍團、歷史概述，原文，頁28。

若不是因為另一段士兵頌歌提供以下這節詩，我們如何能理
解？

> 不停前進
>
> 不懼怕死亡
>
> 戰鬥就是他的生命
>
> 他的結局，死亡

其他頌歌的最後吶喊：

> 士兵們，戰鬥
>
> 士兵們，陣亡

〈士兵頌歌〉

當毀滅成為最終目的，失去力量變成合理的。死神說起愛
神的語言，但是並不是為了那些人們的對話及內容[36]。

「強力繩索」與「忠實的伴侶」都是在指不可避免的死亡，
但是也可用來表示理想化的愛情典範，包括婚姻。或許這個理
想並無法在日常生活中獲得，所以加以殘忍轉變為參與戰爭。
接下來我們要看這首詩充滿雙重象徵意義的第二部分。

> 當火燄最猛烈
>
> 及戰鬥最激烈時
>
> 捍衛旗幟
>
> 士兵前進

「火燄」及「戰鬥」有情慾的暗示，這點可從形容詞「猛
烈」與「激烈」可以獲得印證。這裡雖然也形容一般的戰役，
但是不能忽略潛在的象徵意義：慾望之火與情慾戰鬥。

---

[36] 整個例子引向一個喜樂的死亡帝國，意指兩種極端。參見 A.
Imbasciati，《愛與理性》（巴塞隆納 1981），頁 49-50。

　　另一方面，這個小節首次出現與軍隊深刻相關的元素：旗幟，代表「母國」，以這個戰士的例子來看，所有的騷動都是與渴望結合。綜合上述，立刻得到一項關於旗幟的明顯連結：從裹屍布的作用到陣亡。

　　　　　　　　士兵，士兵
　　　　　　　　無人匹敵的勇猛
　　　　　　　　若於戰爭中遭遇死亡
　　　　　　　　將永遠有裹屍布
　　　　　　　　士兵
　　　　　　　　國旗
　　　　　　　　　　　　〈士兵之歌〉

　　這個與國旗最後的內在接觸指出，最好的獎勵是以國旗覆蓋屍體，因為國旗代表著死者感情方面難以達到的烏托邦。是拉康式的慾望，追求與完美母親結合的高昂代價，意味死亡的性本能，與毀滅母親瀕臨精神分裂的矛盾心理。

　　　　　　　　軍團的旗幟是最高榮耀
　　　　　　　　因為染滿士兵的鮮血
　　　　　　　　　　　　〈士兵信念〉

　　與這個關鍵相矛盾的，捍衛旗幟奮進之時所唱頌的歌曲：
　　　　　　　　無懼向前推進
　　　　　　　　朝向激昂的敵人
　　　　　　　　知道死亡是美好
　　　　　　　　並奪回旗幟

　　這段的陳述手法令人好奇，先是描寫英雄之死，後再提奪回旗幟。是一場熙德式英雄事蹟的競賽，所以在死亡之後贏得

旗幟？抑或是因為死亡才奪回旗幟？當然，這種時間上的倒裝可以解釋為文學手法。儘管如此，在這樣的內容當中還是很難不引起注意。

在這節有另一個極端的描述，明顯的與先前的內容相牴觸。首先是捍衛旗幟，但是另一個動作卻是從敵人手中奪回旗幟。眾所週知的，所有的軍事訓練有攻勢與防守的雙重教育訓練。在承平時期總是希望守勢…

不要離題太遠，我們正面對老套的英雄戰士情節：獲得勝利，死亡，同時奪回捍衛旗幟。

鮮血灑在燃燒的土地上
士兵以痛苦的聲音呻吟著

鮮血一向具有高度價值與不可侵犯的神聖性象徵。為祖國流血是一種合理的崇高理想，為後代子孫、為自身文明，都沒有比這更具深度的。相對的是前面所提鮮血灑在「燃燒的土地」上[37]，土地就如同祖國一向具有母性意義，接收她孩子的鮮血種子，儘管沒有人知道在這麼貧瘠的土地上是否可以獲致成果。我們正面對一個可怕且具破壞性的迦亞大地，如同她的孩子安迪歐，在戰鬥中倒下，將生命歸還大地[38]。士兵垂死呻吟的副歌我們已然了解，現在回到表達他的多舛命運，缺乏資源與建設性的出路、被挫折徹底打敗，這些都是他的「痛苦之道」。

---

[37] 記得有諸多文化（如祕魯的 Quechua 族）都存有一種儀式，將動物鮮血灑在土地上以求豐饒。

[38] 安迪歐（Anteo）是海神及大地女神的孩子。被海克利斯於戰役中打倒數次，但是因為其母親大地的幫忙總是一再獲得新的力量。海克利斯發現了這點，將安迪歐高舉於空中遠離地面，才將他勒斃。J. Humbert，前揭書，頁 126-127。

在這之後開始**死亡的情人**第三部分，進入解釋一個女人肖像的遊戲。我可以兵分二路為大家解釋結局：第一，將這個女子視為「真實的」，是他過去生活的一個片段；或者，女子是一個理想的人物典範[39]，她結合愛與死，具有難以形容的美妙特質。

別忘記這首頌歌從理性到不理性、從完美到駭人，我認為越接近最後將會有不合理及負面的觀點。讓我們看看內容如何發展：

> 最後，當他被抬起時
> 在他的胸前發現
> 一封信及一張像
> 一個絕美的女子
> 信上寫著
> 「…若有一天你蒙神召喚
> 我有一個當然請求
> 為了追尋你，我將隨後就到。」

現在所有的疑問及猜想都可以消除，我們知道他先前**胸前**所承受的「心痛」來自一個絕美的女子。有信與像為憑證據確鑿，著超凡的美麗，但我們知道是一個真實存在的女子。儘管如此還有一個問題，一個關於那位充滿女性特質的發信者的疑問。

信到底說了些什麼？在斷簡殘篇中我們獲得如此印象：曾經存在一段穿越時空限制，**轟轟烈烈**的愛情。情人之死挑起如

---

[39] 榮格，前揭書，頁 74 到 78 中提到：儘管每個女子擁有不同特質，但是皆具有一種近似母親典型的風格。

莎士比亞般的悲劇，因為另一個隨之快速滅亡。若我們慢慢的思考，會有兩個有意思的問題浮現：若士兵真的存在如此強烈的渴望，為什麼要到等蒙主寵召？為什麼要等到死後才可以結合？

　　誠如我們所見的，追尋及結合是相互向著一條曲折的道路。我要說這假設可能是錯誤的。另一個可能的解釋是，該信的的作者是士兵本人。頌歌說：「一封信跟一張絕美女子像」。信並不一定非得由像中人所寫，有可能是士兵追尋死亡以求與愛人結合的預兆，有可能當初要寄送這封信時，該名女子正生重病瀕臨死亡。這個觀點可以支持士兵的相關經歷以及其他的目的。現在讓我們將問題暫且擱下繼續下一段的解釋。

<blockquote>
為其送上最後一吻

告別並為其獻祭
</blockquote>

　　若這句子是前面的信的結尾，是十分耐人尋味的。因為這樣寫信的主角有可能是那名女子也可以是士兵，可能這首頌歌追溯到士兵死亡的最終時刻，或當他向感情宣告再見的時候。最後的假設比較支持副歌的句首，而頌歌的結局如下：

<blockquote>
為了到你身邊看你

我最忠實的伴侶

我成為死亡的情人

以繩索緊密連結

她的愛成為我的旗幟
</blockquote>

　　士兵的畢生意圖為「到你身邊看你」，但是隨著時間的流逝，他將理想與渴望混淆了。為什麼必須死亡才可到她身邊看

她？他要繼續待在忠實伴侶[40]身旁的最簡單的方法是要當死亡的情人，要在致命的懷抱中與她結合。愛神不但棄守領地，服從鋼鐵般的紀律，而且將死亡視為投資對象及最終目標。所有的解釋與假設匯集如下：

1.假若該名女子是真實的，那封信也是她寫的，是她邀請士兵共赴黃泉。為了到她身邊見她，士兵只得一死。士兵似乎對於追隨她感到快樂。不是為了求功績，而是如同故事中的公主們，為了見證未獲證實的愛充滿勇氣，但是這個例子裡，公主的試煉沒有回頭路。

2.若該名女子確有其人，但是並非該信寄件人，我們面對一個類似的情況：士兵允諾先死，「若有一天她蒙主寵召」，所以斷言要見她必須成為死亡的情人。

3.若是如同我所認為，神話是許多獨立的事件壓縮，那麼我們面對的是一名不真實且具象徵意義的女子[41]。一個綜合所有不可能的完美女子，如同最後注定的，這位新潘朵拉連最後的希望都失去了。

關於愛與死的糾纏可以有許多功能性解釋，就像在任何一場卡斯楚式的煽動演說，聽眾情緒受到鼓動沸騰，瀕臨爆發。這些關於頌歌的合理解釋並沒有較卡氏的演說遜色，諸多解釋明顯表達了戰士性本能的事實。這比成為死亡的情人的解釋更跨前一步，因為我並不認為頌歌僅要表達**為了愛不懼怕死亡**

---

[40] 觀察這個表達之前是指死亡，但在這個情形其關係耐人尋味。

[41] 許多故事中都可以見到「絕美的女子」，多以聖母瑪莉亞的形象作為代表。當然並不需要完全同意這個假設，我現在要增強我正在進行的第三個假設：賦予那名不真實女子一個影像。

[42]，事實上一個對自身的怪異愛戀，只有性本能的特性能加以解釋。

　　會診母親、女朋友或是男性的價值可以發現，其中包含致命的情感陷阱。若所有個體的情愛能力表現無法與侵略分離，有太多的相關等級的辯證論者認為，情愛會危險的朝負面傾向，造成志趣相投的渴望與人類相結合的重複失敗。

　　在這則神話釋例後，現在我們要概括的看其他心理人類學的評註重點。

　　b.功能主義：

　　主要研究神話在文化中所具備的功能性[43]。可以是教育性的、宗教性的…可以用來解釋日常語言難以表達的部分，包括既得勢力用以操弄獲得利益。馬凌諾司基說神話的功能在於鞏固傳統、賦予價值及聲望，大部分追溯到最後的事實，多是屬於較高尚的、美好的超自然事物本質[44]。

　　功能主義要超越許多障礙，像是隔離神話產生與背景，並介紹神話的真實性。我認為並沒有排除神話所要傳遞的訊息。這個部分會有一些危險，可能會陷入小化神話的現象，並混淆神話的使用與意義。我要說的是：為什麼使用神話？還有，神話要表達什麼？

---

[42] 視死亡為愛人的這個解釋可見 José Antonio Pérez Bowie 的博士論文，《西班牙內戰期間的特殊死亡用語》，薩拉曼卡大學（薩拉曼卡 1975），頁 12。這個有趣的研究提到一些表達方式，如「跟死亡結婚」、「跟死亡談戀愛」、「永遠的情人」等等，幾乎沒有跟左派戰士相關的特殊詞彙。

[43] 這方面的歷史性開端始於鮑亞士從事北美神話研究，到馬凌諾司基時到達巔峰，他最突出的作品首推《原始心理學研究》，原文，頁 17-81。

[44] 馬凌諾司基，《巫術、科學及宗教》，Ariel（巴塞隆納 1982），頁 181。

　　漸漸的我們到了傳統意義的層級，也就是說到了原住民描述傳說或神話內部意義的層面、到執行或使用的意義層面；再增加第三種層面，就是關於該則神話組構的文化密碼。因此，神話與象徵的結構關係研究開創了一個新紀元。

　　c.結構主義：

　　文化現象的分析，神話與文化的例子，結構主義的主要源起原則中，以語言學家索緒爾的看法最被重視。李維史陀將這些原則應用於人類學，更確切的說是神話研究，我將在下一段加以說明，現在只能膚淺的概述李維史陀的結構主義對於神話的主要概念。

　　根據結構主義的說法，因素或涵義沒有接受本體象徵意涵的解釋，除非是與其他因素對立的時候。這種象徵的矛盾對立沒有單一解釋，而是存在許多不同規則的集合。一個因素可以與另一個因素對立，而兩者又可與另外兩個因素矛盾：

$$a1 \ / \ a2 \quad // \quad b1 \ / \ b2$$

　　將神話的構成加以順序排列成一個句法分析對立矩陣。結構主義將神話的敘述區分成最小區塊或最小主題，之後以語法變化加以分級。除了要注意神話的多變性質，也要注意語法變化與句法分析。這裡我們看到一個問題，就是隱藏在嚴格結構規則背後的神話意義被忽略掉了[45]。

　　d.認知主義：

　　為了解釋人類特別的思緒處理過程，藉由神話，人類學認識了一個不同的概念機制，姑且稱之為象徵的裝置。實際上，

---

[45] 此處未提及李維史陀的篇章，因為其關於神話的理論概念都已壓縮其中。後面將對其研究作一詳盡介紹。

當第一個概念通路基於某些理由被封閉，會有第二種進入記憶的方法產生。當資料並非清楚理解時，就相關過程加以處理是很一般的概念。說話有一般性或說明性，當資料不能加以概念處理時，會將隱藏的特徵**重點式列出**。聯想就是在語義學領域中，根據一般文法概念規則加以表達[46]。

　　神話可能是一種表達方式，隨著某些事實、深刻的經驗或性本能等經驗，不能用其他方法滿足分享應運而生。神話源自社會給予的可支配神話因子，以象徵機制擬定，與佛洛伊德的潛意識並非渾然一體，但有明確的關聯存在。

　　以下將本世紀從心理學及人類學規則中，各種與神話研究相關的重點加以整理[47]，我們可以藉之探查李維史陀的立場，思考在不同的神話機制中所顯現的有趣相似之處：

佛洛伊德	李維史陀（拉康）	史朴柏
濃縮	語法變化 （暗喻）	回憶重現 （長期記憶）
替換	句法分析 （換喻）	聚焦 （長期記憶）
心理分析學派	結構主義	認知主義

---

[46] 所有這些過程都可以在史朴柏，《象徵主義概說》，原文，頁 147 當中看到更仔細的解釋。關於一般性文法概念，可參考瓊士基（N. Chomsky），《語言與理解》，Seix barral（巴塞隆納 1986），頁 195-265。

[47] 無庸置疑的尚缺許多重要的學說（例如：泰勒、蘭恩、列維、伊利亞德等），可惜限於篇幅無法一一呈現。

　　我並不是說當佛洛伊德提到濃縮概念的時候就等於李維史陀的語法變化，或是史朴柏所提關於長期記憶重現的狀況。第一個例子在表達初級處理方法或是潛意識，第二個則是語言的矛盾對立，最後則是在於認知的過程。然而這三種機制存在一些相同點：全都認為涵義之間（概念的說）通常沒有存在聯繫。關於說明性（一般的或日常的）的聯繫各有其說法：替換、換喻或聚焦。

　　如何看出在語言領域中結合情感及認知？此外，李維史陀如何以此處理神話？

2、李維史陀對神話的解釋

2.1 結構分析神話

　　神話的構成是結構民族學的第三大應用範圍。李維史陀強調這方面的研究並非出於偶然，而是因為他的人類學理論早已準備要了解跟神話相關的假設。從 1961 年起，他發表了跟上述課題相關的作品[48]。在《**野性的思維**》中，我們看到他處理神話的手法，與他的結構主義概念存在相當大的關聯。

　　他的親屬關係研究可以證實他對圖騰主義，存在一套基礎原則；在神話的範疇裡，李維史陀自在優游於完全的語言領域，在含義自由之中，只須遵守語法變化規則。與和聲學相似的悠

---

[48] 神話現象的研究一直出現於李維史陀的作品中。其中最突出的時期是 1962-1963 年，他出版著名的四卷神話，更正確的說，是他在法蘭西學院開的課程「生食與熟食」。這正是他在 1964 年神話第一卷的副標題。見李維史陀，《鑒於文字》，原文，頁 229-252。

久傳統，在他的《神話》第一卷的序曲中平穩的展現出來。在《生食與熟食》中，他解釋這項野性思維中新且優越的例子，**企圖指出並非人們思考神話，而是神話對人類抱持想法，只不過人類加以紀錄罷了**[49]。

李維史陀如何變成如此受人矚目？我們可以看到是從1955 年開始的，當他出版《神話結構研究》[50]，他想從這部作品奠定解釋神話的基礎。

在馬凌諾斯基和列維還未開始反對他的神話解釋之前，與馬凌諾斯基完全相反，李維史陀認為神話是一種「無趣的」思想；同時又與列維不同，他覺得神話只是單純的智識合理化[51]。根據我們所知，「原始」思想的特質並不是實用主義或是神祕主義，更別說是幼稚行為，它是秩序與系統方面的重要需求。李維史陀不像佛萊澤或泰勒，認為神話思想是科學的輪廓。他認為神話與科學儘管是從同一種智能發展出來的，實際上卻是分屬不同系統[52]。

結構分析將神話的意義元素與語序加以分離，李維史陀以等同於管絃樂譜的方式揭露他的結構「意義」：**由於被一群可惡的業餘愛好者改編，所以必須順著五線譜，以連續的旋律恢復原始順序。讓我們以一系列整數來替代表示：1，2，4，7，8，2，3，4，6，8，1，4，5，7，8，1，2，5，7，3，4，5，6，8。**

---

[49] 李維史陀，《神話 I：生食與熟食》， FCE（墨西哥 1982），頁 21。

[50] 可於李維史陀，《結構人類學 I》，原文，頁 229-252 中，標題「神話的結構」彙編中看到。

[51] 這項看法可見李維史陀，《神話及意義》，原文，頁 36-37。

[52] 如同前章所揭示關於圖騰主義。見李維史陀，《野性的思維》，原文，頁 30。

現在讓我們將所有相同的數字集合，重新排列組合如下：

$$
\begin{array}{ccccccc}
1 & 2 & & 4 & & 7 & 8 \\
 & 2 & 3 & 4 & & 6 & & 8 \\
1 & & & & 4 & 5 & & 7 & 8 \\
1 & 2 & & & & 5 & & 7 \\
 & & 3 & & 4 & 5 & 6 & & 8^{53}
\end{array}
$$

　　相同的方式可應用於不同的主題，直到與結構分析相容的情況出現。我們知道：如同經濟學解決方法的集合，從片段重建整體，從現有數據推展未來[54]。

　　我們將這些數字的排列組合代換成神話的內容，可以用來對照句法分析（從左到右）以及語法變化（由上而下）。

2.2 一些結構分析的例子

　　在浩瀚的《神話》四卷當中，李維史陀使用上述順序排列的第一個神話是關於伊底帕斯[55]。從他所提出的圖表，神話可以方便的按照時間順序加以閱讀，端詳出語法變化的矛盾之處。李維史陀將第二縱行稱之為家族的兇殺。我們可以從中找到以下矛盾：斯巴達人互相滅絕／伊底帕斯弒父、拉由／伊迪歐柯雷斯弒兄波里尼西絲。這些相同主題的內容變化最終在告訴我們神話的結構意義。

　　來看一個不同的例子。我要舉一個現代巴立(Barí)部落的神

---

[53] 李維史陀，《結構人類學》，原文，頁 236。
[54] 李維史陀，前揭書，頁 234。
[55] 李維史陀，前揭書，頁 236-237。

話。位於委內瑞拉與哥倫比亞邊境遺世獨立的部落。長久以來巴立人維持不變的生活，一直到幾年前才中斷了祖先遺留的文化傳統。現在大概約有九百多位巴立人散居在叢林內部。他們有一則非常普及的神話，是關於沙巴塞巴(Sabaseba)神。

根據卡斯提亞卡巴耶羅[56]的書，我要簡單闡明圍繞著巴立至高無上的沙巴塞巴神的六則神話故事，其內容的結構順序。

這些巴立部落的神話並未被李維史陀編蒐於四大卷《神話》關於美洲的八百多則神話裡，但是我將他們呈現在這裡，加以證明李維史陀的分析法可以套用在他未顧及的神話內。

在這種方法下，我們將跟沙巴塞巴以及巴立文化起源相關的主要神話內容順序排列填入下列表格欄，並假設他們存在一系列的共同特徵關係。我們可以發現，例如：首先是，巴立人對沙巴塞巴的不同觀點；再來是與婚姻相關的主題（李維史陀最關注的內容）；接著是關於罪行；其他則是懲罰與惡的起源等等。

---

[56] 卡斯提亞卡巴耶羅（Castilla Caballero），《巴立人的社會與宗教》，Naturaleza y Gracia（薩拉曼卡 1981），頁 319-349。所有關於巴立人的資料皆從此書擷取。

沙巴塞巴從日出方向而來	一切都在黑暗中,但他由光明而來	他剖開一顆黃鳳梨誕生巴立家族			
		他剖開紫紅鳳梨誕生伊契巴立	沙巴塞巴尋找巴立女人結婚	莎琪給沙巴塞巴一巴掌將其趕走	沙巴塞巴將莎琪變成白唇豬並離去;巴立人開始生病死亡
沙巴塞巴往日落方向離去	沙巴塞巴遷徙;巴立人應該停留在原處(第二不同點)	沙巴塞巴砍伐樹木冒出泉水(第二點)		沙巴塞巴主動離開巴立部落(第三點)	
沙巴塞巴朝海岸而去永不回頭(第三點)				沙巴塞巴向巴立人要甜瓜被拒(第四點)	沙巴塞巴箭射巴立人,誕生猴子(第四點)
			沙巴塞巴命令巴立人結婚(第四點)	巴立人殺卡逤所(第五點)	為殺卡逤所將變成房子(第五點)
	若下面是白天,上面【祖靈在的地方】則是夜晚(第五點)		沙巴塞巴沒有跟巴立人結婚,命令那烏豆烏結婚(第六點)	答巴波沙要跟巴立女孩結婚被巴立人用箭射(第六點)	答巴波沙離去,巴立女孩緩慢費力的成長(第六點)

　　可以發現到在不同的觀點中有深沉的相似結構。結構方法的效能之一，就是可以注意到神話的不同點，但不是將每則神話都視為絕對唯一，也不會嘗試（可能是比較不好的）簡化對立的看法，所以不可避免的，會有單面向看待神話的傾向。李維史陀認為，他的分析在引領混亂的不同觀點朝向秩序，並揭發邏輯矛盾處，這便是神話思想的基礎。有其他的作者，如克爾克（G. S. Kirk）[57]提出李維史陀的神話解釋有矛盾之處。根據他們的說法，李維史陀的立場在代數學（潛意識）與功能經濟學之中搖擺不定。針對最後這項批評，可以在他的《**神話Ⅱ**》輕易被發覺。從《蜂蜜到煤灰》篇章中，暴露出他表現明顯的馬克思觀點。也就是說，他強調經濟、親屬關係和社會等等因素，直到發現其中的邏輯及代數規則。

　　不可否認的，李維史陀對神話確實存在雙重處理，我將在後面盡力幫他論證真正支配他的處理方式。但是，這並不阻礙相信起源神話跟其他一般神話，都存在著清楚的構成方式，我想稱其為生態學的。由於所處環境的影響，原因論內容的神話圍繞著原住民族。美索不達米亞平原的文化群，處在由黏土跟河流所構成的生活環境中，讓他們無法遠離陶器為主的早期工藝發展。其他靠海的文化，由於食物（打漁）和交通運輸，人類起源從礁石峭壁的海滔石中開始。令人好奇的是，什麼文化可能跟孩子們解釋：他們從甘藍菜蹦出來的？自然是以農業為基礎的社會，或更正確點，是與漁獵相反，致力於園藝的民族。

---

[57]　克爾克（G.S. Kirk），《神話》，Paidós（巴塞隆納 1985），頁 58-60。

巴立人的厄瓜多式叢林生活慣習，人類的起源可能只是蔬菜
類，或與其自然環境相似的文化族群。「真正的」人類：巴立人，
是從黃鳳梨誕生出來的。可能是當地最重要、最營養，或某些
方面來說最高尚的水果。其他非人類或是壞人，則分別從變質
的綠鳳梨、紫紅鳳梨，或是腐爛的鳳梨中繁衍出來的。諸如此
類的神話團結著巴立人，有時會因為地位高低，或狀況的不同，
而有不同的解釋方式。

　　與巴立人不同的部族，因每天所處的地平線不同，關於人
類起源的根本便不同。如前面所提，來自非食物非自然的人工
物質：煤灰[58]，這些燃燒剩餘物是在某一死亡的食人族老嫗的
柴火堆中。煤灰用在懲治飲食無節制，吃掉自己孫子的老嫗[59]。
這些故事的形成，很容易突顯句法分析的矛盾之處。

　　李維史陀對這些矛盾所隱藏的邏輯十分有興趣，因為不可
否認的，都跟自然媒介有所關聯。他認為自己發現了有效管理
神話複雜多樣性的通則。若將他們排列組合，**似乎有可能斷定
（思考如何組合那些相異處），所有的神話可通用的類型規範關係：**

$$Fx\ (a):Fy\ (b)::Fx\ (b):Fa\text{-}1\ (y)$$

**　　在這個公式中，有 ab 兩個項數及 xy 兩個從屬項數的函數，
要在兩種情況下存在相似關係，在兩個條件下分別反演限定「項
數」跟「比率」：條件一是，兩項數的其中一個以相反值代換（上
面的公式代表著 a 跟 a-1）；條件二是，在兩個基礎下（公式中**

---

[58] 蜂蜜與煤灰的相對立場是解釋神話第二卷的重心。李維史陀，《神話 II：
　　從蜂蜜到煤灰》，FCE（墨西哥 1978），頁 54-47 及 364-369。
[59] 見卡斯提亞卡巴耶羅，前揭書，頁 351-364。

的 y 跟 a）反演「函數值」跟「項數值」[60]。

在解釋公式跟舉例之前我要再指明，這是李維史陀對神話的真正觀點。儘管確切問世日期在 1955 年，不過卻一再出現（前面提及要加上引號）到 1985 年，當他在著名的作品《善妒的陶工》[61]中，企圖藉由製陶場看透神話。

要找符合公式應用的例子，有雙重動機讓我採用普羅米休斯神話的觀點：

a.儘管他占有人類學的重要地位，雖然我不清楚是否有人曾結構處理過這則神話，但我希望以純粹李維史陀的結構方法加以解釋。

b.為了證明李維史陀採用非西方文化故事詮釋神話的方法並非完全正確。我要駁斥克爾克跟呂格爾等人的部份評論，因為結構分析並非只適用於古老的故事，也可套用於後期制定的哲學或文學作品。在希臘神話中要將兩種思考模式分離是不可能的事。

在希臘神話中有許多與人類進化過程及起源、發現人類重要本質相關，普羅米休斯神話是其中之一[62]。我們將觀點鎖定在伊西歐德，可以觀察到意味深長的差異。《神譜》中強調宙斯，面對聰明卻太過放肆的普羅米休斯，最後獲勝的角色。在《工作與日子》作品中，這則故事是紀元神話的引論，強調人類痛苦的來源。當然兩則故事都一致解釋惡行，認為是對放肆無禮

---

[60] 李維史陀，《結構人類學 I》，原文，頁 250-251。

[61] 此觀點請看，李維史陀，《善妒的陶工》，原文，頁 144、149、155。

[62] 此類的神話觀點有：伊西歐德，《神譜》，頁 507-616；及《工作與日子》，頁 42-105。另外值得一提的是，柏拉圖的《普邏達哥拉斯》，320c-323a。儘管是次級觀點，在愛司基遜中也有應用。

的懲罰。這種認知與猶太的創世紀神話十分類似，可以推演許
多相似的內容：

普羅米休斯（智力）	科學之樹
偷火	若神之流
潘朵拉	夏娃，禍源

　　如同原因論的神話，除了解釋火的起源也闡明相當多的
事實，如：第一個女人的出現，造成不幸的開始；人祭的開始，
為什麼焚燒屍骨是對神的獻禮；惡的存在與累人的工作等等。

　　所有的發展都有一定的回報。若從結構語法變化來看，可
以發現並證明一系列的矛盾對立不僅止於外在層面（宙斯與普
羅米休斯的本質對立），也包括故事本身的動態。

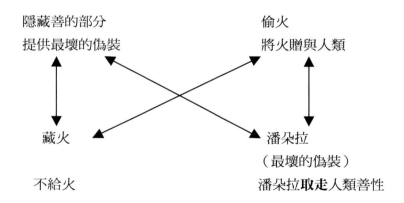

根據上述內容，我們可以得到多方面的重要涵義：隱藏跟
揭露、贈與跟偷取等等。每個普羅米休斯的行為背後必接著宙
斯的行動，兩者間形成緊張的壓力，我認為這就是神話的關鍵
所在。我們將這些矛盾排列如下：

呈現壞的部分：藏火：：贈與火：反贈與（潘朵拉）取走善性
以之回想李維史陀的公式：

$$Fx（a）：Fy（b）：：Fx（b）：Fa\text{-}1（y）$$

賦予壞性：熄滅火種：：贈與火：偽善取走善性

3、李維史陀的形式及佛洛伊德的內容於神話解釋

　　柏拉圖的普邏達哥拉斯遠離傳統神話，彰顯功能觀點，將神話工具化，用以解釋所有人類皆求善，而非少數人。他不說偷宙斯的火種。普羅米休斯接受懲罰，但是並沒有說為什麼，也沒提潘朵拉，更別說是對人類的懲戒。這裡開始進入父權文化發達的時代，宙斯的地位不可動搖，不需要貶低女性地位，將其視為危險之所在。神話較伊西歐德時期具備更多的人類學價值，概括上述時代人類演進歷程：從自然到工藝（指普羅米休斯跟火），以及從工藝到政治及道德習慣（指宙斯）。所有的詭辯術都在個人跟國家二分法框架之下，表現出更臻完善的進步演化；相對不同的，伊西歐德由黃金時代被貶輟到鐵器時代。賦予神話新面向的企圖[63]，也被其他作者發現。誠如迪耶爾（P.Diel）說：

　　「…普羅米休斯的神話正好代表著人類發展史。基於相同的理由，可見人類發展心理需求的特性：意識、潛意識跟超意

---

[63] 例如 C. García Gual，《普羅米休斯：神話與悲劇》，Peralta（馬德里 1979），頁 52-68。參見相關的有趣發現，P. García Castillo，《普羅米休斯：教育的缺乏》，Campo Abierto，5，1988，頁 167-182。

識（智力、異常跟精神面）[64]。」

也就是說，神話不僅給我們一個人類系統發展的反映，神話也象徵個體發展。簡言之，意識的誕生、與母親保持中立、與父親發生衝突（罪惡感），再而了解父系規範。

對照如下：

超我	宙斯（戒指）
意識	偷火（罪惡感）
潛意識	潘朵拉（關著惡性的盒子）

以心理分析的看法，普羅米休斯的神話可由伊底帕斯神話加以取代，因為兩則神話都具有與父親衝突及孝順的重要因素，但是普羅米休斯神話沒有具備亂倫的成分，充其量不過是父系教育的意識罷了。佛洛姆認為伊底帕斯王的神話，如同伊底帕斯在柯羅諾和安提哥那一樣，是父系文化操控母系文化衝擊下的產物[65]。相同的情況也發生在伊西歐德。父親（宙斯）的律法必須執行，女性地位極為貶低。普羅米休斯代替兒子，對絕對的父權優勢提出質疑，因此被懲罰。法國分析家孟德爾提出同樣的看法：

「普羅米休斯潛意識中試圖竊取宙斯的權力，他活在取代父親的權力及榮耀的欲望中，對父親閹割的慾望[66]。」

---

[64] 迪耶爾（P. Diel），《希臘神話的象徵意義》，Labor（巴塞隆納 1976），頁 237。

[65] 佛洛姆，《遺忘的語言》，Hachette（布宜諾 1972），頁 148-175。現今不再如此輕易接受這類母系文化的一般性假設。

[66] 孟德爾，《對父親的叛亂》，原文，頁 118。

　　這個衝突的解決之道是誕生另一個普羅米休斯，也就是海克利斯，一個遵守指令、認同父親的兒子，但是也是解救反叛者的「兒子」，殺了老鷹並獲得一個戒指。這個戒指是用一條跟木板一起釘在岩石上，鎖住普羅米休斯的鐵鍊所作成。象徵永遠被鐵鍊鎖住，但是最後只賸象徵性質。內在的超我了解，去勢的恐懼源自可怕的父系懲罰，但是現在已不需要了。

　　這項心理分析，或是其他支持普羅米休斯神話的新觀點，不過又是新的神話罷了。象徵沒有單一的解釋，我們頂多只能吸取新的象徵推論。神話的轉化機制如此作用：每個文化自有其安排關於神話的因子，只要加上一些修飾（暗喻與換喻），便能產生新的神話，用以配合新時代的憂慮。依賴所處的社會所存在的情況，確切的賦予內容及意義，但是結構的轉化規則並非一成不變。以語義學與概念為基本的觀點（以柏拉圖對普羅米休斯的看法為例），李維史陀的規則將十分難以探查[67]。由於採用「馴化」觀點，所有原始思想消失殆盡。對李維史陀來說，神話的構成遠勝於內容[68]。但是他並未忽略根本的神話意義，他下了一個超廣泛的涵意：**假若在所有地方都沒發現異處，意義將無法下達指令，因此也就不存在任何地方**[69]。

　　當想要避免危險的簡約主義，呂格爾和克爾克等人的評論便是十分合適的：根本的結構主義不會受感覺的影響。呂格爾斷言，一個結構的理解**永遠有詮釋學的領會，儘管後者還未主**

---

[67] 我認為要了解這個意義必須理解呂格爾對結構的解釋，我將藉此方式進行思考。

[68] 參見李維史陀，《結構人類學 I》，原文，頁 227。

[69] 李維史陀，《現今的圖騰主義》，原文，頁 133。

題化[70]。

　　我同意這個說法，但是對他為反對而反對的立場保持異議，尤其當他斷言傳統的故事頂多依賴**結構剩餘的內容**[71]。

　　沒有人可以不依據文章的前後文了解一篇文章，所有的感覺意義是**自我領會的一個片段**[72]，涵義的世界有其主要連結及變化規則，並非直接依靠個體。不要忘了在古文解釋學，不是結構（句法）也非內容（語義學），應該思考的是，在推論的是一則原始神話或是西方的傳說（如聖經的故事等等）。以上兩者來說，第一種說法是可行的，可以提供一個涵義的剩餘（如同李維史陀所說），第二個關於意義的剩餘（如同反對者呂格爾），正確的解釋應該是兩方面都加以思考[73]。

　　克爾克除了指出李維史陀在解釋神話的矛盾之處（在代數學與功能之間的立場），並強調另一個我們可稱之為交叉變化的詮釋性缺點[74]。神話反應壓力，兩個對立的衝突在神話的調解下，獲致協調。但是這類二元主義的神話仍是較基本的，因為他反映了人類兩極化的心靈結構。對李維史陀而言，心靈**面對自我，逃脫由物體組成的必然性，並朝一定方式減少模仿對象**

---

[70] 呂格爾，前揭書，頁 65。

[71] 呂格爾，前揭書，頁 57。

[72] 呂格爾所節錄的句子，從李維史陀，《讚頌人類學》，Caldén（布宜諾1976），頁 54。

[73] 與呂格爾的意見相反的這個觀點我曾在心理分析提及，意義對抗文法秩序並非一種賭注。心理分析中並非只有拉康對處理過程有極大偏見（但他是屬一屬二的），也非純屬內容方面。我將在下章試著加以闡釋。見呂格爾，前揭書，頁 66。

[74] 克爾克沒有這樣加以命名，但是他的意思就是這樣。見克爾克，前揭書，頁 91-92。

[75] 。

　　我想這種人類心靈跟相關的衍生看法，若謹慎運用可以幫助我們認識深度的人類觀，並處理費神的李維史陀式人類學。我不認為李維史陀做過縮小神話的兩極對照，以下有四個主要機制：

相似性

延續性

矛盾性

倒轉性

　　這些機制的功能在於他的認知考量，正是史朴柏的現代人類學運用於象徵解釋的最重要課題，可能是李維史陀式邏輯的延續[76]。但別忘了人的成分，人類的心靈是永無止盡的，至少在象徵的創造方面。

---

[75] 李維史陀，《神話Ⅰ：生食與熟食》，原文，頁 20。

[76] 運用於前面曾概述的作品中。史朴柏，圖騰主義概述，原文，以及，《人類學的結構主義》，Losada（布宜諾 1975）。參見本章前段關於認知主義對神話的觀點。

佛洛依德與李維史陀
——動力人類學和結構人類學的互補、貢獻與不足

第五章　動力人類學和結構人類學

1、佛洛伊德的人類

　　我在導論篇章提到，與其他學者觀點對立的佛洛伊德動力人類學的課題有：伊底帕斯癥結、人類化歷程、象徵的概念等等，現在該是加以綜合，並具體化佛洛伊德關於人的概念，探討什麼是他的人類學？一旦確定後，我們就可將其與李維史陀人類學（歸類為結構主義）相似處加以比較，完成本研究的要旨。為了完成這個課題，我要推薦一個重要觀念，它不但是佛洛伊德人類學的關鍵，也適用所有其他派別：關於文化的概念。

　　倘若佛洛伊德主義與文化的關係在《**圖騰與禁忌**》中全部呈現，那麼佛洛伊德對人類學的貢獻就不會像我前面指稱的那麼廣大。幸好這個假設並未成真[1]，因為佛洛伊德還有其他的作品，就像該書名所言與文化相關：《文化的不適》（Das Unbehagen in der Kultur，1930 年）[2]。

　　我不會停止分析複雜的人類事實，因為這正是文化的構成。光是文化這個名詞的解釋就可以洋洋灑灑的跨越數頁，所以，我直接跳入佛洛伊德以心理社會學及人類學對這個名詞的定義：

　　「文化是發明與制度的集合，是促使今日人類生活與動物祖先不同的原因，其存在目的有二：保護人類對抗大自然與規

---

[1] 相同觀點參照 L. Rof Carballo 的文章，〈心理分析人類學〉，《進化論》，原文，頁 1071。

[2] 佛洛伊德，《文化的不適》（1930），原文，頁 3017-3067。

範人際關係[3]。」

上述說法有兩個主要特點：文化是人類獨有，其主要價值在保護人類對抗大自然和社會控制。這個看法是佛洛伊德「懷疑」的重點。

在他的敘述裡可以明顯看出，文化演進展現出漸進式的成果價值，透過文化，個體可以對需求提供最大滿足，諸如：飢餓、庇護所和同伴等等，但是，我們也要注意，由於文化的強制性與影響力所引起的個體偏見。截至目前為止，社會是建立在限定自由的秩序上，而文化正與這些限制一體相關。更糟糕的是，文化並不需要獲致成功，更不是永遠為人類所好。甚至有些社會發展出致人於死的習俗，不但無法加以控制，甚至像是命定般的[4]，很多文化對發生的危害性習俗只能加以讓步妥協，人們除了承擔忍受，頂多只能藉由其他形式加以補償。

佛洛伊德的這些「懷疑」，不僅朝向古老起源的文化，事實上也針對心理不安全感加以研究，尤其是精神官能症。在撰寫**《文化的不適》**之前的二十年，佛洛伊德曾嘗試對不同文化的性禁忌加以分級[5]，他斷言在他的時代，社會對本能加以強制，表現出文化對性本能的攻擊與鄙棄。

他之後的作品指出，情緒的不安因素，促使陽痿或性冷感等病症發生，都是個體主觀意識所造成，尤其是童年或青春期

---

[3] 佛洛伊德，前揭書，頁 3033。

[4] A. E. Hoebel，《人類學：關於人的研究》，原文，頁 31。他提出一個範例，假設有一個社會禁止觀看性器的行為，依照此邏輯，此文化終將滅亡。

[5] 第一級的性是為了繁衍；第二級除了繁衍之外，性還受到限制；最後一級，就是我們現在，只有合法的繁衍為人接受。以上概念請參見，佛洛伊德，〈文化的性道德與現代神經質〉（1908），頁 1249-1261。

心理禁慾的關係。這種傷害造成對性快感的限制，導致後來就算在婚姻的正當性狀況下，依然無法完全滿足[6]。

與佛洛伊德對文化的領會相同，內在對性的嚴厲約束與文明的概念相同，一再重複到令人厭煩[7]，但是我們還是十分有興趣的想知道，為什麼社會與文化堅持這種不必要的抑制行為？從哪裡獲得這些能量加以貫徹執行？

佛洛伊德關於本能的最終理論給了我們一個解釋，性與死亡的關聯對立性。佛洛伊德對於性與死亡未如柏拉圖以二元分立論，也沒有擴展死亡本能的普世精神概念。倘若我們接近侵略本能的毀滅性概念，我們將看到，心靈成長來自超我的建立，但是超我卻扮演著「本我」的角色，就像運用外在侵略性力量抑制心靈成長[8]。人類心理最激進的緊張關係，也是文化演進的

---

[6] 　內容參見佛洛伊德，關於〈性生活的普遍性貶黜〉（1912），原文，頁 1715。

[7] 　關於這個問題的研究，除了內文指出的範例之外，還可以參考以下相關作品：佛洛伊德，〈精神官能病源學的性〉（1898），原文，頁 319。這裡他初次提及他認為應該將暗示的性心理揭櫫於世。在 322-323 頁，他認為社會不能夠引發個體自我意識的精神官能症。在這個時期，佛洛伊德仍未發現文明造成對性的心理不安。總之，這個作品認為性與繁衍的結合是強制性的（頁 325）。《性學三論》（1905），頁 1237。這時候他已經清楚的提出文明與性發展自由的對立；重複性行為與宗教儀式（1907），頁 1342。提到文明對本能強烈鄙棄，一則精神官能病例的分析（1909），頁 1486。認為對嗅覺快感的抑制來自勃起狀態，是男性第一次成長壓抑。同樣的看法在其後來的文化的不適，原文，頁 3043 中再度提及。〈關於精神官能症的肇因〉（1912），原文，1718。其中引起精神官能症的因素之一，就是本能的文化受挫；關於戰爭與死亡的當代看法（1915），原文，頁 2016。當中提到文化行為從傾向自私主義者轉變成利他主義者。這裡還有說到性與文化的關係。

[8] 　佛洛伊德，《文化的不適》，原文，頁 3053。

中心角色,稱之為**罪惡感**[9]。之前我們曾經提及,原始部落人類起源的過程中,兄弟弒父的心理,也就是幼兒對父親的敵意,在這裡,他們面對第一次的壓制。伊底帕斯癥結只適用於解釋幼兒對毀滅性感覺加以內化,並與超我結合控制「本我」,這麼一來,將會區從現實,壓抑對快感的追求。罪惡感在人類建立文化時發生,是造成心理不安定的來源[10]。

這是對人類抱持悲觀主義的看法嗎?

很多人認為,佛洛伊德人類學的概念建立在人類是封閉的悲觀主義基礎之上,為了組構本能,不論規模大小都將根本問題化。文化行為是由敵意形成,導致產生罪惡感,而這正是人類最難以克服的部份。

但是這種看法並非完全正確,至少不是全部都對。我不敢苟同這種看法,認為人類不過是難以自制的激情玩偶,或說激情必須要面臨社會檢驗的看法云云。我認為他們過於極端鎖定佛洛伊德心理學的個體論特點;事實上,佛洛伊德認為,人類與動物的區別在建立組織的能力。對人類來說,適當的推動管道是不可少的,但是其他的物種便無法執行類似的控制。然而這並不是說,非我族類就可免於矛盾與障礙的約束。

同樣的,不應將佛洛伊德的社會觀點視為不夠穩固、毫無變化的。佛洛伊德並不是社會革命家,更不是反動份子,儘管他的概念與社會一體,並試著在人際合作下與個體自由相結合。在這種**自由——限定**的辯證法裡,問題隨之產生。根據佛洛伊德的說法,緊張與壓力是為了與社會連結的昇華作用所產

---

[9]　佛洛伊德,前揭書,頁 3060。

[10]　參見馬庫色對這要點的看法。馬庫色,《性愛與文明》,原文,頁 82-85。

生的個體本能。平衡本能極為困難，會被許多因素加以破壞，造成精神官能症。雖然他說人類是唯一適合精神官能症的動物，但是這並不是說人類必然落入這樣的狀態中。相反的，他認為過度的壓制本能可能導致：直接賦予滿足，或，加以壓抑──造成精神官能症。人類並非敗壞，也非不均衡，只是為了求生存得不停的戰鬥。另外第三條人文式的選擇，不壓抑能量、朝向文化目的，這種形式稱為昇華，其表現方式有利它主義、藝術、科學等。在這，那些被社會判別為不需要也不適當的本能，以不適切為理由加以拒絕[11]。抗拒本能是昇華的前置性功能，因為這樣可以將能量轉化至其他與性或侵略目的不同的領域中[12]。

　　根據他的說法，在文化影響下，本能存在諸多可能結果，我將其加以整理製表如下：

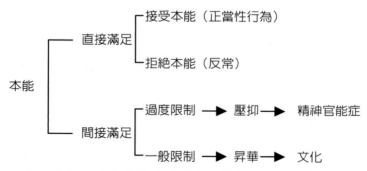

　　這個表格同意文化的重要性和可能的變化。人類學研究最

---

[11] 「壓制與拍案定罪是非常不同的。」佛洛伊德，〈兒童精神官能病史－「狼人」病例〉（1914），原文，頁 1984。

[12] 佛洛伊德推論的結果有：拍案定罪、拒絕本能和昇華。參見 P. Fernández Villamarzo，《佛洛伊德的本能受挫與文化》，Biblioteca Salmanticensis（薩拉曼加 1982）。

有趣的教育之一就是：不要將文化的規範想的太絕對。根據文化互化原則，一個地方認為是墮落或是變態的行為，在另一個地方可能不這麼認為。佛洛伊德並不迴避這個問題，他撰寫〈文化的性道德與現代神經質〉時，認為倫理道德觀與人類心理相吻合。當時（1910 年）他是個對心理分析療法抱持完全樂觀看法的人，他相信社會與新人類將會掙脫毫無用處的壓制。在沒有眾多範例可尋之前他提出本能平衡，對心理分析全然的信任，並試著從中尋求關鍵因素。藉由心理分析發現行為動機，進而了解許多原本不明白的反社會行為，揭露出不為社會支持的神經質症狀[13]。這個時期佛洛伊德在美國參與許多會議發表演說，他支持個體對抗過度的社會規範，毫無懷疑的認為每個人都迫切需要給本能一個出口。人類具有將本能轉向社會活動宣洩能量的彈性，但是精神官能症阻擋通了往昇華作用的管道[14]。這點又再次揭櫫，心理分析可以協助人們實現追求更美好的社會。但是心理分析不能一直坐在診療室的長沙發，以為這樣就可以治癒這個生病的社會。認為社會與個體擁有相同本能的想法是個錯誤（人種的超我、社會本我等等），但我們不能否認，的確存在一套或多或少表現在整體構成的理想性規則。人類學家對這些規範或是文化「課題」的結合與連貫性抱持懷疑，但是可以確認的是，在端視個體的意願下，以某種形式緩慢的加以改變。不過由於過度理想性的文化規則與強加人格確立遭受批判，心理分析應針對這個缺失向非理性的社會組織宣戰。

　　心理分析並非萬靈丹，除非我們身處在一個理想社會。對

---

[13] 佛洛伊德，〈心理分析治療源起〉（1910），原文，頁 1569-1570。
[14] 佛洛伊德，〈心理分析〉（1909），原文，頁 1562-1563。

慾望的抑制或是將慾望轉化成文化成果，這些都不是接受「治療」就可以自動達成的。人類是極為複雜的，在本能的深處也存在著衝擊、侵略與自我懲戒…等。後來由於證明人類的慣性與惰性，佛洛伊德改變他在 1910 年的觀點，轉而對人類抱持悲觀主義。我認為並不僅是 1914 年的戰亂讓他開始悲觀主義觀點，臨床經驗也是原因之一。另外我也同意，組織兩人以上（包括兩人）和睦共處的健全方式是十分困難的。努力所獲得的成果落差和人類的表現與預期相反，讓他在這個領域無法成為勝利者。所有的狀況都顯示，人類存在更強大的非理性與破壞性的力量，足以摧毀我們的文明本體觀[15]。

　　由死亡本能和人類起源的多樣性說法所造成的研究困難[16]，絲毫未減佛洛伊德的行動，總之，不應該將佛洛伊德定位在因循守舊或是聽天由命之流；佛洛伊德的想法與霍伯斯十分接近，也可說與盧梭相同，雖然他只揭示前者的影響。此外，我先前所提，充滿人類心理的問題與壓力，可以確定的是永遠不會有關鍵性解決方式，儘管如此，我們不應該對人類抱持失望的看法。倘若有關德國哲學家蕭分豪爾對快感所抱持的負面觀念充斥在佛洛伊德的本能理論中[17]，但是，正如我試圖表現的，佛洛伊德仍然對人類抱持客觀看法。馬庫色順著這條路線，小心謹慎的剖析佛洛伊德試圖解除人類虛假負擔（許多學者正

---

[15] 這些解釋首次問世於佛洛伊德的作品快感之外（1920），藉由分析強迫性行為獲得結論。

[16] 也許可以在開始階段將佛洛伊德與林區加以對照。前者認為本能的力量與性的暗示根本相反，所以並非完全受到壓抑（1920），後者主張性慾從壓抑發展到侵略，最後產生衝動。

[17] P. L. Assoun，《佛洛伊德、哲學與哲學家們》，Paidós（巴塞隆納 1982），頁 214-218。

是以此虛假攻擊佛氏）的真正觀點。

　　人類的機能運轉並不單是為了追求快感[18]，事實上還要注意外部的需求、身體對類似活動的可行性⋯等。然而，重要的事實認定必須在特定的時間狀態，諸如：世界性或是西方式的秩序建立後，不然的話結果就不盡相同了。當秩序建立後加以認可似乎是再確定不過的事。我十分同意馬庫色的看法，事實由於必要而發生，進而行動並產生作用與影響，這都是出自於社會制度的壓抑[19]。從發生、缺乏媒介工具，到變成需求（安奈克）[20]；快感伴隨著緊張壓力而來，稱之為抑制昇華的基本變化[21]，相反的，馬庫色稱表面合理化（古老的邏各斯）與快感壓制為遏制昇華。我在第一章提過昇華作用的贅餘價值在於，從個體竊取大量能量，其結果便由精神官能症加以承擔。

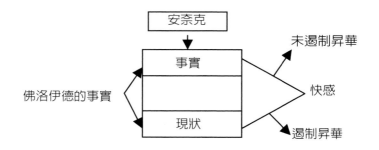

---

[18] 記得佛洛伊德對於人類化歷程的評論：延緩本能的可能性。
[19] 馬庫色，《性愛與文明》，原文，頁 40 與 50。C. Castilla de Pino 認為這是基於順從原則，參見其《心理分析與馬克思主義》，Alianza（馬德里 1985），頁 198。
[20] 馬庫色，前揭書，頁 127 和 196。
[21] 馬庫色，前揭書，頁 194。

　　上面的圖表用來解釋文化與性的不相容。如同我們所知，佛洛伊德的思想並非封閉的辯證，而是具有調解機制的兩種類型：壓抑與昇華。昇華對人類十分適用，因為它永不踰矩。根據馬庫色的想法，未來的趨勢應該是縮減壓抑機制，將性作用昇華，朝向社會化模式呈現。錯亂的性教育或將肉體專業化都不好，僅能實現兩種目的之一並損害另外一個。身體挑動所有的情慾動作，整體來看，性力存在一種傾向，費倫齊和羅海姆稱之為生殖器傾向。這種尋求無障礙、無外來壓抑，追求性動力發洩的管道，我們可以稱它是侵略本能，一種主動積極、自我防衛的機制，其特徵為非理性，並具有極端毀滅性[22]。

　　毀滅本能壓迫性愛原則，不過後者通常會獲得最後的勝利。首先是因為文化致力削弱死亡本能，再者，正如馬庫色所說，這點也正是佛洛伊德理論缺乏延展的部分，就是：性愛與死亡會進行令人無法臆測的結合。人類生產活動雖然具有不同形式，但卻只有一個決定性因素：**文明的工作大多運用社會的侵略本能，而這正是性的功能作用**[23]。

　　佛洛伊德膽怯地揭開希望的缺口，卻造成他**對文明的不滿**：因為他試圖要避免由於文化演進與人類演化所造成，削弱

---

[22] 想知道更詳細有關佛洛伊德處理性與死亡的關係，參見佛洛伊德，〈「我」與「它」〉，原文，頁 2717-2720；〈快感之外〉，原文，頁 2526-2527 及 2536-2537；〈自傳〉，原文，頁 2790；〈文化的不適〉，原文，頁 3052-3053、3059-3060 及 3067。馬庫色，《性愛與文明》，原文，頁 203-215。呂葛爾，《限制與罪惡感》，原文，頁 292-299；《佛洛伊德：一個文化的解釋》，頁 261，以及其他專門著作有：布朗（N. O. Brown），《愛神與死神的歷史心理分析》，Joaquín Mortiz（墨西哥 1980）；A. Haesler，《對現今世界的怨恨》，Alianza（馬德里 1973）；尚拉普朗虛（J. Laplanche），《心理分析下的生與死》，Amorrortu（布宜諾 1973）。

[23] 馬庫色，前揭書，頁 87。

性生活及侵略本能的需求。

人類的內在同時潛藏著天使與惡魔。人們可能被他們所控制支配，但相反的，若懂得平衡，將可同時駕馭兩股力量並加以運用。為了達到平衡這個目的，人類擁有其他物種所沒有的特異功能：象徵的可能性。

象徵近似昇華的過程[24]，我們知道象徵可以累積人類的經驗、思想與本能。象徵是文化的基礎，象徵表現出豐富情感與多種用途的特色，象徵結合豐沛意涵並具體化神話的美麗色彩，象徵可以與其他事物選擇性合作。如此一來，納希索和歐菲爾這兩個自戀與墮落的象徵，正代表渴望呈現而不是接受壓制的今日社會[25]。我所說的人類解放，並非完全依賴理性能力或想像，而是回歸**昇華——象徵——美學的核心**。

倘若像先前所提，賦予身體和行動挑動情慾並提升想像的力量，部分的本能將不會受到限制，相反的，將會突顯出本能純正的獨創天賦。這個馬庫色路線的想法，由於賦予部分本能與快感特殊評價，與其他稱之為左派佛洛伊德的學者大相逕庭[26]。特別值得一提的是瑞奇（W. Reich），他認為禁慾會造成為了滿足生殖器快感而背離文化，朝向次要本能，也稱為墮落本能方面發展[27]。這種絕對的生殖器快感並不會帶給個體真正的快樂，相反的，快感與情慾緊密結合時，將永遠無法隔離人類

---

[24] 呂格爾，《佛洛伊德：一個文化的解釋》，原文，頁 434。

[25] 馬庫色，前揭書，頁 159-161。

[26] 這些左派佛氏學者有瑞奇、羅海姆、布朗等人。參見羅賓森（P.A. Robinson），《左派佛洛伊德》。布朗的立場及其捍衛的哲學理念可參見其作品，《愛的軀體》，Planeta（巴塞隆納 1987）。

[27] 瑞奇，《性革命》，Planeta（巴塞隆納 1985），頁 45-51 及 107。

對肉體與慾望的罪惡感。因此我認為最重要的是，應該將人類本能中的性潛能公諸於世，不需將他們隔離，而是給予一個適當的社會性管道：挑逗社會，並將情慾社會化。

回到重點，我們現在可以確定佛洛伊德人類學的最終模樣，將由神話人物做代表：愛神、死神與安奈克（Ananke），此外，我添加另一名生力軍：邏各斯（Logos）。

邏各斯的形象清楚的出現在佛洛伊德的理論中[28]，明顯表現出許多他的想法，關於：事實的驗證、非抑制性昇華、文化的正向作用和象徵能力。總之，佛洛伊德不像其他的學者一樣停滯在人類學之上（這裡指的是他與李維史陀的不同，因為對後者來說，這個層面是人類學的基礎）。邏各斯的功能在十分接近原始事實的「本我」基礎。邏各斯與安奈克依照次級程序進行作用，而愛神與死神則主要是初級作用。但是邏各斯對事實的觀點與人類不同，因為他是「從上方」的角度俯瞰事實。他遵循呂格爾所稱的**謹慎節制原則**，充分闡述人性：

「這項謹慎節制原則正代表著，心理分析樂意看到最初事實的特性[29]」。

至於安奈克則與事實結合，由於與其他個體或是相關範疇接觸的需求，造成本能變化。我們看到追求快感的本能因為需求進行變化，最終由安奈克加以調節。

---

[28]　「我們的邏各斯神實現我們所有外在自然所許可的願望，不過是為了新一代的人類，緩慢呈現且不可預見的狀態下完成。」佛洛伊德，〈幻想的起源〉（1927），原文，頁2291。

[29]　呂格爾，〈佛洛伊德：一個文化的解釋〉，原文，頁240。

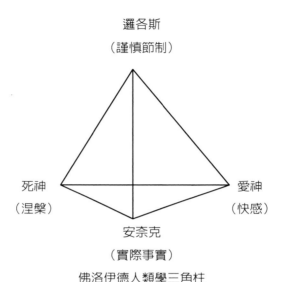

佛洛伊德人類學三角柱

　　死神代表問題的潛能。呂格爾揭穿佛洛伊德人類學悲觀主
義的假像，進行了有趣的分析。他認為死神不僅代表毀滅與死
亡，另一方面也與邏各斯協力塑造人類的特質。呂格爾表示：

　　「我們沒有發現到死亡本能的另一面，另一個正向、不空
泛且不沉淪的病理觀點，這些不正是象徵的重要關鍵嗎[30]？」

　　關於人類與消極不可分的疑問有更多。

　　消極的另一端正是愛神與永不滿足的快感。佛洛伊德試圖
在「快感之外」建立理論，但是他不確定這樣是否成功。愛神
不僅牽涉死神與需求（安奈克）之間的緊張關係，還有邏各斯：⋯
假使人類可以滿足，一定是受到其他比快感更重要的東西所牽

---

[30]　呂格爾，前揭書，頁 271-272。

制，欲求不滿的結果正是：**象徵。而慾望的產生則是由於貪婪**[31]。我們已經知道，人類的快感除了要承擔精神官能的風險，還得透過昇華機制加以改變。

觀察佛洛伊德的人類學三腳柱可以看到與柏拉圖的思想十分類似，我們看到暴亂與淫慾的力量、物質世界屏障；以及，其上的駕馭、領導者：邏各斯；以上種種正呼應佛洛伊德向柏拉圖借用這些神祇的稱呼和內容。

透過這四種潛藏的神話語言，加以綜合出佛洛伊德關於人的概念。我要再次強調，不單要注意生物衍生因素，還要試著結合象徵觀點。與李維史陀人類學中心相同的**自然──文化**二分法在這個概念展現。或許第一印象會覺得佛氏人類學以自然為中軸，由潛意識跟生理學主導，在象徵的觀點看似與結構主義相反對立。重申前面所推論，關於佛洛伊德的人類內在本能真正義涵，如同我提出的，屏除假象，是可能將兩個人類學派互補結合。

2、李維史陀的自我

假使描述一個學者的人類觀的構成是錯綜複雜的，李維史陀應該是其中最難以處理的範例，他是一個對人類概念根本顛覆的思想家。除此之外，這位奧地利人類學家總是想藉著民族學跳出哲學範疇，儘管總是負面觀點，但在他的作品中絕對可以找到人類哲學的概念。他的研究總離不開哲學理由，但是為什麼他選擇民族學為藏身之處？因為，相較之下後者具有普遍

---

[31] 呂格爾，前揭書，頁 279。

性，是最能理解社會規範的。

在評價李氏方面，我們會先入為主拒絕採用李維史陀民族結構主義的名稱，因為這個名稱太過概括且極端。有人說李維史陀將人視為「眾多事物中的一個物件」，他企圖「解構人類」，拒絕個人，「放棄自我」等等。不能否認在他的作品中可以找到上述的表達詞句，但是缺乏清楚的基礎所在，因為這些主張應該要了解他要表達的深層意義與意圖之間的前後關係。

事實上，我認為李維史陀是**策略性放棄自我的概念**，而這基於兩種目的，其中有一個十分重要的是：避免種族中心主義。抱持種族中心偏見是所有人類學家的專長；為了要理解一個與本身文化不同的異文化，學習這個文化的住民將生活經驗加以分類，並以此社會中的個體利益為利益，然而，如此一來這個人類學家就因此「新生」了嗎？

看起來在某些情況下若沒有放棄自我是無法成為「他類」[32]。

李維史陀將人類加以解構的另一個目的是：為了提供人類科學的精確性。這個定義缺乏事實根據，且有點失去人性。儘管李維史陀意識到這點，但是他認為採用科學方法是研究人類不可放棄的課題，雖然必須壓縮自然為代價，以求接近人文[33]。

總之，我不隱瞞李維史陀所揭櫫的「人」奠基於料想不到的結構上，但是令人意外的是，所獲得的結果卻是比人類自己還要真實。儘管可以避免，但是他的理論落入物質主義的風險

---

[32] 「人類應該在追求『自我』之前，以『他者』來了解自己。」李維史陀，《結構人類學 II》，前揭書，頁 42。

[33] 李維史陀，前揭書，頁 278。

中是十分清楚的，因為策略性放棄人性並不意味著拋棄個體。

慢慢分析李維史陀作品，發現其中潛藏的主體就是「自我」。在 1952 年出版**《種族與歷史》**後，他開始第一波對當時居住主導地位的主體意識理論,也就是對存在主義，進行反動。《野性的思維》是反個人主義的頂點，而《神話》鉅著中的**裸人和認同**及**神話意義**等講座，更是與沙特正面交鋒[34]。

他的*種族與歷史*，觀點癥結在種族中心主義。因為倘若不能給人下一個確切的定義，那是因為本來就不能夠給人強加定義。民族學家的腦袋中若有先入為主的觀念，研究的內容總是從西方文化或個人主義加以預想，必然會對其他與本體不同的人類出現觀點上的事實偏差。李維史陀說：**沒有任何人類可以部分套用全體**[35]。此外，他也認為**抽象的人並不能實踐自然的人**[36]，因為沒有個體的存在，存在的是人類。

照這麼說，關於人的哲學概念就不可能存在嗎？

李維史陀的回答沒有像其他後來宣稱「人之死」的思想家們：傅柯、拉康、亨利李維（B. Henry-Levi）、德勒茲（Deleuze）、瓦達利（Guattari）等人那樣決斷。

傅柯斷言，從症狀學、心理分析和民族學這三個反科學的學說中，是絕不可能理解人類以外的事情[37]。拉康的心理分析學認為，人類像是一張任人推移的網，德勒茲的論點較接近前者，他認為人就像一部慾望機器，在這種形式下**是不可能有人**

---

[34]　參閱前註。
[35]　李維史陀，前揭書，頁 338。
[36]　李維史陀，前揭書，頁 310。
[37]　傅柯，《文字與事物》，原文，頁 367-370。

類學的空間；只有試著將人類的慾望與頑強野心加以描繪製圖 [38] 。

與上述學者多少否認哲學人類學的發展觀點不同，儘管李維史陀是他們的前輩，不過他並沒有完全封鎖哲學對人的回應與影響。他支持經驗主義，放棄對人類易變的偏見，因此只有**人類學可以革新淨化並肯定文化復興的力量：藉由人類拓展人文主義** [39]，反之則行不通。上述宣告人之死的學者們認為：李維史陀遺忘自我、反人文主義，讓人類屈從死板的理論。

在李維史陀的心靈地圖上，從未將原始部落或種族視為物體；相反的，他最反對殖民主義，並是抱持強硬抗議西方剝削第三世界的學者之一。他以最嚴謹的態度限制活動領域進行研究，我在這裡節錄他的說法：是為了**發現悠遠且廣泛有益的科學，人類學最擅長理解最廣闊的區域。也就是說，結合不同方法與規範揭露人類知識秘密，在沒有受邀的狀況下參與戰鬥行列，那就是：人類的心靈** [40]、

荒謬的是，為了達到上述目的，我們必須將人類加以解構；民族學必須屏棄人的概念，但我認為這只有在剛開始的時候。幾乎所有的研究人員在進行田野工作的時候都會採取參與調查法，也就是說，必須保持一種立場，在蒐集控管資料的同時又不被視同外人。民族學家應該與（外人／另一名成員）的辨證法斡旋。主體／客體的歷史二分法在這要複雜的多，因為這裡

---

[38] 關於德勒茲的評論請參照 A. Olabuenaga，〈德勒茲：解構哲學〉，《西方雜誌 53 期》，1986 年，頁 34。

[39] 李維史陀，《結構人類學 I》，原文，頁 47。

[40] 李維史陀，前揭書，頁 120。

的客體同時也就是主體。

對李維史陀而言，在認同他者的同時必須先否定自我，因為要達到**民族學家接納他者的知識目的，首先必須拒絕自我**[41]。

先前介紹過李維史陀視盧梭為人類科學的創見者，盧梭首先提及解構自我，他對自我認同的同義複詞是「我是我」。盧梭告訴我們，想要研究人類，首先必須從遠處觀之。他在〈人類不平等的起源〉演說中狂聲疾呼：

「整個地球上佈滿只知其名的民族！而我們竟敢斷定他們是人類！[42]」

由推論而來關於人的概念，總是在模稜兩可的範疇裡。盧梭與李維史陀鼓舞我們實現自由意識，減輕由政治家和哲學家挑起關於**我者／他者**的對立衝突。總之，他們邀請我們促進融合：**我者和他者的社會、自然與文化、理性與感性、人文與生命**[43]。

反種族中心主義在對抗以自我為典範與衡量基準的自私主義。李維史陀表明解決人類認同的方法：我們自我學習，**我們不是重要事實，而是不穩定的作用，像空間與時間，就是短瞬、競爭、交換、衝突…**[44]。

根本推論他的立場就像經驗主義否定人的存在，是絕對的消極被動。在 1978 年他告訴我們：

「我們每個人都是事物發生中的徬徨一族，徘徊在正在發

---

[41] 李維史陀，《結構人類學 II》，原文，頁 39。

[42] 盧梭，〈人類不平等源起演說〉，Aguilar（布宜諾 1966），頁 155。

[43] 李維史陀，前揭書，頁 45。

[44] 李維史陀，《認同》，原文，頁 10。

生事情的地方，純粹的被動消極[45]。」

這種哲學立場呂格爾稱之為**沒有先驗自我的康德主義**，並加以修正三點，李維史陀自己也接受這種說法[46]：

1.我們永遠無法拋棄思維意識。李維史陀不想創造其他知識作用，他認為意識：

「據說意識不是全部、也不是最重要的，不刺激他的運作…[47]。」

2.對李維史陀來說，「自我」的解構來自研究方法上的需求，動機在於面對人類課題採用句法分析而非語義學方法。若想要人文科學接近自然科學，就必須挑選一個確切可行的範圍。語言學就是這個鉸鏈，挑選其中的句法分析觀點，因為它似乎是最恰當的正向解析，但是這個方法的選擇與人文課題的立場毫無關聯。正如同李維史陀挖苦嘲諷：

「當閱讀對結構主義的批判，面對譴責忽略人文價值，我嚇的發愣，好像氣體熱漲上升的動力學理論一樣，將家庭生活和道德置於危險之境，全然失去象徵及情緒的價值奧妙。[48]」

認為李維史陀在親屬關係和神話研究不能忘情句法分析的觀點並不完整，因為上述理論取決於更重要的問題。因此：

3.李維史陀的潛意識是純粹的句法分析與語義觀點。倘若適用專心致力於意義探索，當然也適用於存在意義的解釋。這

---

[45] 李維史陀，神話與意義，原文，頁 22。
[46] 關於呂格爾與李維史陀之間的論戰，參見李維史陀，《讚揚人類學》，原文，頁 50。或是參考李維史陀，《神話 I：生食與熟食》，原文，頁 20-21。
[47] 李維史陀，《神話 IV：裸人》，Siglo XXI（墨西哥 1983），頁 569。佛洛伊德可能也這麼認為。
[48] 李維史陀，前揭書，頁 576。

時心理分析便成了重要幫手。關於心理分析與結構主義的關係是下段重點，這裡先擱置片刻。對於兩種規則的一致性，呂格爾稱之為症狀學對自我概念的挑戰[49]

──佛洛伊德發現人類心理慾望的重要性，感覺與意識的變化一致，對本體自我意識進行反應迴響。如前所提，自覺意識與本我沒有被排除，但也不那麼重要了。

──在結構語言學方面，意義概念與自我企圖是分屬不同範疇。自我意識在此可能是問題癥結，因為意義存在潛意識。沒有本能的潛意識就像佛洛伊德的潛意識概念轉換為意義與涵義的關係。可能以康德的潛意識來看會好一點，一個沒有牽涉自我想法的系統範疇[50]。

就像先前說的，李維史陀沒有離開症狀學，與症狀學相同的對抗符號、符碼或自我的作用被排除。不要忘記語義學的秩序功能，便是以符碼表達事實。

大體看來，語義學沒有一套可稱為普遍性的內容，但是這不會妨礙研究意涵與不同存在的結合，並獲得正確的方向。關於慾望與象徵結合的本能概念，我們看到心理分析的重要效用，也就是，存在的構成與確切意涵。我們從認知心理學發現類似佛洛伊德說的初級處理：壓縮、替代…等相同的內容；同樣的說法在語言學是：暗喻、換喻；或是認知現象學的：聚焦、回憶再現等等。這些象徵歷程具有機制上的普同性。換句話說，概念裝置中存在象徵機制，對各式各樣的內容與片段，進行拼

---

[49]　呂格爾，《詮釋學與心理分析》，原文，頁 140。
[50]　呂格爾，前揭書，頁 39-40。

湊或「重組」作用，其效能具有令人驚奇的規則性[51]。

假設這樣還嫌不足，關於句法分析也可以藉由不同的經驗主義方式加以表現，例如杭士基的衍生語法，試圖將語句中的意義結構化，建立詞素中可能存在的句法圖譜[52]。

因此，倘若我們要尋求一個解決今日人類問題的工具，那麼我們需要結合語法結構和衍生語法，以及，動力與認知心理學。

3、本能潛意識 VS 形式潛意識

前段內容有來自語言學、人類學和心理學三個不同領域，集合眾多研究人員發現，整理出佛洛伊德與李維史陀對潛意識的異同觀點。拉康的理論，正是應用結構主義於心理分析上，但是我認為若拉康對佛洛伊德提出結構觀點，結果會更理想。因為他所抱持的佛洛伊德原理觀點有一部份可以解決疑問（進化研究等），但是他採用李維史陀的淺意識看法卻太過淺薄，近乎空洞。以我的觀點應該反過來才對，就是說採用本能潛意識的觀點（動能／涵義）與過程，無須顧慮佛洛伊德的理論，呈現無性狀態，並擷取李維史陀關於伊底帕斯癥結與親屬關係研究的嚴謹原理[53]。

李維史陀與拉康的關係總是存在問題且不對盤。相對於拉

---

[51] 這個概念請參照，史朴柏，《象徵主義概論》，原文，頁 144-179。
[52] 杭士基，《語言與理解力》，Seix Barral（巴塞隆納 1986），頁 128 和 230-265。
[53] 拉康的抗辯可從他在 1938 年所發表的著名作品《家庭》中看到，當時他還不知道李維史陀的民族學理論。當時他的人類學觀念是來自摩根、里佛斯和馬凌諾斯基。參見拉康，《家庭》，Argonauta（巴塞隆納 1982）。

康，李維史陀在後期屬於智識反叛階段。就李維史陀對心理分析抱持懷疑不信任，可從他長時間以來的不同反應中看到。因此我要表明，除了拉康，還有其他以心理分析套用在結構人類學上的代表。特別值得一提的還有，屏棄兩種學說缺點採用其優點的詮釋學理論，也讓兩種學說之間的距離縮小[54]。

以下將心理分析與結構主義兩種型態的潛意識相異點加以列出：

佛洛伊德的潛意識	李維史陀的潛意識
本能	表面形式
情緒性／表示性	語法
盈滿	空洞
單一	全面
心理學	社會學

佛洛伊德的學說理論經由長期演化，偶有看法是早就確定的，所有概念到晚期才固定下來。潛意識概念儘管是他的主要立論，卻也難逃變動。我們在第一章有解釋過，佛洛伊德的第一個「話題」，潛意識是一種心理需求、一種系統，用來看管不能進入意識體系的內容[55]。但 1923 年開始的第二個話題[56]，潛

---

[54] 杜韓（D. Durand）將心理分析與結構主義稱為簡約詮釋學，將符碼視為象徵，解除象徵的重要性。但是我認為是由於互補性將困難跨越，聰明的將兩個立場加以結合。參見杜韓，《象徵的想像》，Amorrotu（布宜諾 1971），頁 66-67。

[55] 佛洛伊德，《夢的解析》，原文，頁 670-680。

意識已被視為一個形容詞，大部分以「它」表示系統特質。有些特別的「內容」被視為潛意識心理裝置，這些「內容」以本能為代表。有提及意涵，但不過是結合本能的意涵（內在的刺激鼓舞）。此外，心理表現有雙重層面：症狀學與動力學，代表理解與情感兩大元素[57]。

這些內容藉由普通邏輯和語言學的不同規則彼此相關，受到壓縮機制（改變印象的意涵）以及替代機制（改變情緒動能）所支配[58]。此外，上述內容除非透過一連串的改變或是妥協，否則是不能進入知覺意識的領域。因此，佛洛伊德的潛意識並不如同許多學者看到的是屬於封閉性的生物潛意識，而是不斷的發送意涵性觀點，與情緒和生命本質強力關聯，無庸置疑的，這就是我們所稱的本能。

李維史陀像是害怕受到詛咒般的迴避**情感—情緒**的解釋：

「事實上，本能與情緒並不能解釋什麼，他們只是身體潛能或意識疲弱的結果；不管如何推論，他們永遠不可能是肇因。他們不過是生物學才可以找到的有機體，或是心理學才能理解

---

[56] 佛洛伊德，《「我」與「它」》，原文，頁 2704-2716。

[57] 關於這雙重組合請參見佛洛伊德，《壓抑》（1915），原文，頁 2053-2060。關於這個問題的看法，參見呂格爾，《佛洛伊德：文化的解釋》，原文，頁 118-132。

[58] 回想拉康觀察這兩個機制和暗喻與隱喻的相似性。拉康，《書寫 I》，Siglo XXI（墨西哥 1984），頁 489-498。與這個概念有點出入，我覺得不應該迴避情緒的構成份子，其轉變及作用如下：

意涵（1）		意涵（1）
情緒	意涵（3）	意涵（2）
意涵（2）		情緒
壓縮（暗喻）		替代（換喻）

的智識範圍，並不存在往民族學的通路[59]。」

　　若是像他說的，心理學只能理解意涵的智識範圍，這樣的話，在生物學與語言學之間便沒有任何中介的研究領域，這種說法其實是很難維持的。

　　人類智識與語言模式只有一些相關而已嗎？

　　全面將心理學削減成語言心理學並不妥，就像不能單一化諸如民族學或哲學等研究領域。

　　李維史陀的潛意識是單純的表面形式，沒有所謂的內容：**精神的潛意識活動就是強制的內容形式**[60]。

　　潛意識是一種作用，一個象徵機制的規則總合。談到淺意識，李維史陀視之為**一個具備特定功能的器官，將來自其他斷斷續續不連貫的元素強制施予結構規則，排除本能、情緒、象徵與回憶等事實**[61]。

　　　　潛意識就像空洞奇怪的**胃一樣，可以容納食物的巨大器官**[62]。

　　與這些特徵相對立，佛洛伊德的潛意識卻是呈盈滿的狀態。如同杜韓所言，**不僅存在性力潛能**[63]，還有確切的潛意識能量，以及明確步驟下的規則連結。佛洛伊德從個案加以推論，企圖從一般性潛意識內容中建立機制，這是他學說的顯著特點。因此我們可以說，佛洛伊德的個體潛意識，與榮格堅持所

---

[59]　李維史陀，《現代圖騰主義》，原文，頁 107。
[60]　李維史陀，《結構人類學》，原文，頁 68。
[61]　李維史陀，前揭書，頁 266。
[62]　李維史陀，同前注。
[63]　杜韓，《象徵的想像》，原文，頁 66。

有文化中重複出現的普同性象徵內容相對立[64]。但是，所有個體重複出現的特殊「節制」與功能也具集體性質。李維史陀對最後這個關於個體的解釋十分反感。對他來說，潛意識不該源自特別的個體發育，潛意識不是「個體獨有不可言喻的避風港」，而是所有人類共同的結構保管者。李維史陀認為榮格的集體潛意識，穿透普同性內容展現功能，從語義學直到語法[65]。若是沒有遺忘「僅有的經歷」，追尋感覺作用和意義是可行的。同樣的，雷特（Late）受到涂爾幹和牟斯的影響，與社會者的偏見：人的特質並不有趣；認為個體無法解釋什麼，句子就是句子，沒有什麼動機。

我認為關於人類社會應該有與其他科學不同的研究方法，這是就現實考量，不是要將這個學說打入次等地位。以心理學研究為例，它並沒有退回到生物學的範疇，而社會心理學也沒有與心理學混淆；不能沒有對照不同學科的分析資料與層級，將其視為單一封閉的解釋，更嚴重的，甚至將心理學研究「架橋」直通生物學的領域。眾所周知，李維史陀的潛意識結構基礎就是理智。

沒有個體行為或文化是由任意符碼專斷組成[66]，認為潛意識沒有與意識內容連結的說法是荒謬至極。

不論研究有多困難，都必須從個體檢驗心靈的功能，不要藐視他的重要性。舉例來說，好感就是不可遺忘的層次。說明

---

[64] 參見榮格，《原型與集體潛意識》，原文，頁 144-161。
[65] 李維史陀，前揭書，頁 107。
[66] 關於這問題的觀點，參見貝德庫克（R. Badcock），《李維史陀：結構主義和社會學理論》，原文，頁 150。

白點，就是打破折磨人的語言學框架，從全然的理性主義中跳脫出來。誠如格林（Andre Green）所言[67]，若真可替換的話，語言學理論應該改成**說話的理論**，有句型分析、有語法變化，還包含存在觀點、前後關係、經歷、語言歷史觀、感情情緒等等。

只有一個沒有侷限的詮釋學才能真正了解、共享心理分析與結構主義的發現成果。

---

[67] 格林（A. Green），「親屬系譜……」，蒐於李維史陀，《認同》，原文，頁115。

佛洛依德與李維史陀
——動力人類學和結構人類學的互補、貢獻與不足

結 論

　　經過先前的研究，現在我們可以深入闡述佛洛伊德及李維史陀的人類學研究，概述其主要內容並將**結論**與貢獻加以肯定。首先是佛洛伊德動力人類學與李維史陀結構人類學的關聯性，最後，從總體上論兩派學說。茲將結論綜合如下：

　　1.第一個結論是有關於十九世紀文化進化論對佛洛伊德的影響。有關此點，我已在佛洛伊德文化人類學相關研究中發現進化論對其重要影響。實際上，我對此項影響已經檢驗，並做了不同於心理分析文化學者的評論。這項闡釋完成於第一章，茲推論如下：

　　（1）傳播及本位主義論者的評論未認清，並枉顧佛洛伊德人類學的概念與知識。

　　（2）文化進化論的最大限制在於必須跟隨一定的路線前進，而佛洛伊德的主要看法則是假設人類文化具有不同時期。所有語言學，企圖以語源學解釋個體發展，這也正是李維史陀最著稱於世的理論。儘管不能理解字面上的意義，但是也無法放棄以神話作為假設。

　　（3）佛洛伊德的價值論可以延續到今日人類學研究的要點在於：進化論與個體發展的相似性，以及後天性格轉變的假設。第一點需要傳播學派的檢驗；關於次項，則別忘了我們正在相似的領域中活動著；而最末者，

最適用與新達爾文理論加以對照[1]。

2.第二個結論關於佛洛伊德對象徵和神話的解釋。第一點我要指出，佛洛伊德的文章中出現了兩種不同說法。首先關於象徵，他認為是屬於連結、恆久不變且具有普遍價值的；而關於夢、民俗或文化，以及潛意識，卻是由最受限制的心理分析學派加以發揚光大（瓊斯、安娜佛洛伊德、Tallaferro）。

第二種關於解釋象徵的其形成的方式，近似昇華作用，也就是說人類可以訓練與媒介的需求關係。此點可從少數象徵符號中看出，而其中隱藏著我們最真實的本能。

神話，實際上就是將象徵故事化發展，轉化成當代思想的重要規模，敲開沉重的語言獨占性，回饋給我們所處的社會[2]。

3.第三個結論乃是佛洛伊德的文化觀，或說他對人類世界的看法。關於此點，我要強調，佛洛伊德從未忘記，文化是進化歷程的成果與類人化發展的內在結合。儘管實際上佛洛伊德本身也難逃錯誤，諸如人類死亡及好鬥的文化起源觀點。基於上述理由，佛洛伊德人類學理論的文化觀總無法跳脫出悲觀主義傾向。愛的力量跟完善的工作組織可以讓人離開社會階層及戰爭。儘管屈從本能或文明壓力要達到均衡極為困難，但是**新人類**可以成功獲得一個較少成規和控制的集團社會。心理分析研究可以協力打造社會，這項課題是具有可行性的；精神官能症只是一種性格誇張，不是轉化成人類的必須歷程。我認為佛洛伊德的**動物精神官能症**：是動物唯一合適的官能症，必須經

---

[1] 別忘了現在新達爾文理論逐漸受到矚目。
[2] 所有觀點都已在第三章及第四章加以闡述過。

由文化同化的過程，具有行使人類辨認象徵的能力[3]。此外別無他法，陷入精神官能症是必要的。但是與動物相反的，可以聰明運用工具，自動消除無意義並自我昇華，在自然界裡，人類比任何物種更具有以上優勢。

關於人的概念，我曾提及以下的神話人物：愛神、死神、安奈克和邏各思，完全符合佛洛伊德動力人類學的觀點[4]。

4.除了以上分析佛洛伊德人類學的重要結論外，現在我要提出佛氏與李維史陀的相似處。就我個人的看法，首先我認為李維史陀結構人類學繼續著進化論路線，我提出的相對觀點會讓所有的人類學家接受。也許今日的專家對文化課題看法十分不同，然而民族學家大多從屬並代表著西方文化，當然西方居絕對領導地位，但是西方並非盎格魯化。在這樣的假設下，傳統的民族學家[5]不可免要拋棄自身的文化。這項「拋棄」，包括他自身的習慣、宇宙觀甚至**本我**，就是為了不要有偏見，藉以充分了解**他者**。不能也不應該抱持絕對論，嚴拒辯證法則。人類學家即如此；在某些情況下他「讓步」，或對原本認為極其遙遠的客觀事實了解，還有，不可以忘記，這些人文經歷最後豐富了他自身的文化。

人類學家的最終目的並非求諸己，也不是解構自己的個性，更不是因異文化的影響擾亂自身的文化認同。我的看法是，他想要接近並了解異文化，我想他應該曾經抗拒，但最終還是

---

[3] 基於明顯的理由，我排除由人類挑釁所造成動物的情緒波動的精神官能試驗。

[4] 參見第五章第一節末。

[5] 並不包括那些奉獻人類學於其自身文化者，因為不能放棄作人類學家，總會表現出一些不同的特質。

接受豐富的異文化並將之貢獻給社會。對原本所生存的社會加以回饋是必須的，接下來便是積極建構，並恢復人類學家的工作。無庸置疑的，這項工作增進人類相互了解，讓不同的文化接近，幫助建立一個沒有誤解、沒有斥責的人道主義。

李維史陀在思考他的理論時曾經歷過類似的經驗。有時他過於誇張強調構成的客觀、公正、相對性，並解構人類學的內在。他的部份著名作品[6]堅持這項觀點，許多人因此認為李維史陀的人類學與解構哲學是一體的。我的看法相反，不過我知道 1977 年那個時候，李維史陀的作品裡的確出現上述觀點[7]。然而我認為，主觀意識的放棄是一種方法論。我相信李維史陀察覺到，當他到遙遠的叢林時，並無法放下歐洲人的思考模式，事實上他是在尋找自我。李維史陀最後接受了自我的轉變，而且，至少我這麼認為，他比較論斷關於「遙遠」與「近」的視野，本質上是互補的[8]。

從哲學及心理內省的角度，所有人類皆可自我觀察，但是相反的，當錯誤思考形成時，卻不能加以比較缺陷。儘管如此，李維史陀繼續他令人稱頌的喜好，以便在多變的民族學領域中證明人類經久不變的防禦能力。儘管沒有足夠的直接觀察，但是不減其敏銳度。所以他發現了家庭組織及稱謂等等，一系列潛意識結構的普遍形式。

5.《親屬關係的基本結構》中，作者發現人類主要相互關

---

[6]　事實上我所指的是 1960 到 1980 間的作品：《野性的思維》、《神話學》四卷、《結構人類學》二卷、《神話及意義》等。

[7]　參見 S. Vinardell，《李維史陀作品的人類觀點》，Varona（薩拉曼卡 1977），頁 20。

[8]　見李維史陀，《De prés et deloin》，Odile Jacob（巴黎 1988）。

係與產生的社會壓力，是潛意識結構的直接展現。李維史陀在
這個範疇，從社會學及結構理論切入思考，精湛完美延展了佛
洛伊德的理論。後來有其他作者加以繼續這點，如拉康及羅索
拉多（G. Rosolato）等人，但是我認為他們都遺忘了大師的教
誨，具體來說有姻親關係與團體的影響力等等。

　　佛洛伊德及李維史陀的學說存在著明顯的一致性。首先，
他們都集中在親屬關係的範疇（在血親關係更是接近），強調亂
倫禁忌，及其衍生的特別架構。儘管只能就其自身文化談起，
也因此衍生詮釋對伊底帕斯癥結的限制。李維史陀強調姻親關
係（由婚姻獲得的關係），他發現婦女交換原則乃是亂倫禁忌造
成的結果；這突顯出第二位男性的重要貢獻，將其拓展成為伊
底帕斯癥結集團中的第四名成員，成為親屬關係的分子概念，
並加以應用於許多不同的文化中。

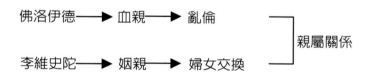

　　兩種立場並非不共存的，甚至可以說相互支援、完整互補。
動力論解釋潛意識的基礎與情感引起的交替作用（諸如同性關
係的拒絕及情感的矛盾作用），而李維史陀的結構觀點減少了伊
底帕斯癥結設下的框架，帶給人類學更多的空間[9]。

　　兩造互補的立場應該持續前進（正如同我在親屬關係該章

---

[9]　見本書第二章末。

所提），心理學在系統面及思考模式的成就，應與親屬關係研究力求協調。這些研究現正全然綻放，並突破長久以來由李維史陀設下的嚴格框架。

這位結構主義作家意識到這個課題在此知識領域的重要性，並認為不可能施行精確的親屬稱謂，但是他沒有想到，也從沒料到，這會成為令他信譽掃地的理論，慶幸的是，他對於其他理論的貢獻可以減少這項傷害。圖騰主義即是其中之一。

6.關於圖騰主義，李維史陀開始轉化為語言學家或文字學家。他否定實際存在的「實體」與圖騰制，因為如此一來才可以簡單套入文法規則中。

我在此適度的斷言，圖騰主義並非一個普世通則，而且十分難以界定，但是並不能否認在某些社會中，圖騰的確給予一種組織風格；我要說的是，圖騰並不僅止於名稱的賦予，而是代表著一些統治者，一些領導階層或具有地位的個體。但是對李維史陀而言，圖騰主義不過是蠻荒的思維；就如同我曾提及關於圖騰邏輯的例子，圖騰是一個古老的，以合理化的方式與自然因素結合，並以二分法連結超越個體的重組風格。

7.另一個原始社會邏輯的明顯例子是神話。從中我們可以發現隱藏的二元對立模式，以及故事構成及背景的句法旋律，這與夢的心理分析有著明顯的相似性。或許李維史陀並未清楚談及相關內容，但是潛在概要性，或替代性的提及兩大要點（一個十分清楚明白、另一個則是不言可喻的）及一些方法結構：相似性、鄰接性及倒裝性。

李維史陀解釋神話與動力觀點不同，他只思考故事的形式，內容對他來說微不足道。在這個重要的領域中，他試圖尋

找掩藏在神話中，那些作者們不可能指出的事，賦予他們單一的涵義。他鄙棄語義學的研究，只指出一些跳線的思考方法與經濟環境。

為了彌補上述之不足，正如我們所知道的，句法分析在此所扮演十分清晰及系統化的角色。想要清楚了解他所思考的神話內容，整理工作是不可少的先決條件。但是顯而易見的，我們無法滿足第一階段的句法分析，因為我們清楚知道神話思想有其深度及廣度。

8.與前面的結論相較之下最終的結論具有普遍性，我說的是指範圍，一次囊括兩位大師：佛洛伊德及李維史陀，他們所代表的兩種人類學觀點的普世價值。

概括來看，與其說兩位大師執牛耳於人類哲學，不如說他們對文化思考的貢獻引領全球。自然與文化的關係，是他們的人類學觀的基本重點。嚴格的檢視人類哲學概念則又包括了其他關係，例如：自然與解放的關係。

有些思考觀念卻是阻礙包含人類在內的整體性，並使佛洛伊德（從未絕對的）忘記了一些重要的人類學概念，像是：精神性、自主性及個體等等。

相似的轉變也發生在李維史陀關於「人類現象」的總體觀。人類學提供這位大師重要的選擇，並進而注意到語言與象徵透過結構方法合理化。正如同佛洛伊德人類學並非僅存在道德觀與主體意識的看法一樣，然而李維史陀完全否認事實的存在。他覺得潛意識是空泛形式化，並認為人腦的功能是同形的。倘若真是如此，自覺不過是一連串交互影響及衝突的意外成果。

但是，人類真的與其他物種並無兩樣嗎？

　　呂格爾認為李維史陀的哲學概念有三種可能：

　　1.新的辯證哲學。

　　2.歸納組合。

　　3.唯物論。

　　但是我不認為純然如此，我覺得最貼近李維史陀思想的是第一點，儘管我們並不能否認其他兩點。

　　在我看來，佛洛伊德及李維史陀學派的人類學，唯一的出路是人文主義（其他不想自閉於死胡同的人類學派也一樣）。新的人文主義不是不求甚解，也不是先驗論，而是清楚且科學的，當然也是切合時宜的。從頭至尾，包括在解構人類時，李維史陀（佛洛伊德也是）的目的是在了解人類。對任何一個人類學家來說，人類是一個無法掌控的難題。

附錄（參考書目）

BIBLIOGRAFIA

I. BIBLIOGRAFIA DE FREUD Y LEVI-STRAUSS ESTRUCTURADA TEMATICAMENTE

1. ANTROPOLOGÍA DE FREUD

— *Totem y tabú (1913)*, 1827 y 1849.
— *Psicología de las masas y análisis del «yo» (1921)*, 2595-2596.
— *El porvenir de una ilusión (1927)*, 2990, 2986-2987 y 2991.
— *El malestar en la cultura (1930)*, 3037, 3039, 3048, 3064-3065 y 3067.
— *Nuevas lecciones introductorias al psicoanálisis (1933)*, 3163.

2. ANTROPOLOGÍA DE LÉVI-STRAUSS

— *Las estructuras elementales del parentesco*, Paidós (Buenos Aires 1969), 19, 116, 181 y 274.
— *Tristes trópicos*, Paidós (Barcelona 1988), 59.
— *Antropología estructural I*, Paidós (Barcelona 1987), 28, 41-42, 47, 68, 70 y 226.
— *El pensamiento salvaje*, FCE (México 1984), 358.
— *Mitológicas I. Lo crudo y lo cocido*, FCE (México 1982), 19-20.
— *Mitológicas IV. El hombre desnudo*, Siglo XXI (México 1983), 576.
— *Antropología estructural II*, Siglo XXI (México 1979), 42, 278, 310 y 338.
— *La identidad*, Petrel (Barcelona 1981), 10-10.
— *Mito y significado*, Alianza (Madrid 1987), 9, 10, 22 y 40.
— *La mirada distante*, Argos Vergara (Barcelona 1984), 52 y 54.
— *La alfarera celosa*, Paidós (Barcelona 1986), 180 y 182.

3. COMPLEJO DE EDIPO

S. Freud, *Un recuerdo infantil de Leonardo da Vinci (1910)*, 1599.
—, *Historia de una neurosis infantil. Caso del «Hombre de los lobos» (1914)*, 2007-2008.
—, *Lecciones introductorias al psicoanálisis (1917)*, 2250.
—, *El «yo» y el «ello» (1923)*, 2713.

S. Freud, *La disolución del Complejo de Edipo (1924)*, 2748-2751.
—, *Inhibición, síntoma y angustia (1926)*, 2868.
—, *Fetichismo (1927)*, 2994.
—, *Dostoyevski y el parricidio (1928)*, 3008-3009.
—, *Los orígenes del psicoanálisis [1887-1902] (1950)*, 3625.

C. Lévi-Strauss, *Las estructuras elementales del parentesco*, o. c., 50-51.
—, *Antropología estructural I*, o. c., 88 y 90.
—, *La identidad*, o. c., 89, 90, 100 y 102.
—, *La alfarera celosa*, o. c., 171.

4.　CULTURA Y RESTRICCIONES PULSIONALES

S. Freud, *La sexualidad en la etiología de las neurosis (1898)*, 319, 322-323 y 325.
—, *Tres ensayos para una teoría sexual (1905)*, 1237.
—, *Los actos obsesivos y las prácticas religiosas (1907)*, 1342.
—, *La moral sexual «cultural» y la nerviosidad moderna (1908)*, 1252.
—, *Análisis de un caso de neurosis obsesiva (Caso «El hombre de las ratas») (1909)*, 1486.
—, *Sobre la degradación general de la vida erótica (1912)*, 1715.
—, *Sobre las causas ocasionales de las neurosis (1912)*, 1718.
—, *Consideraciones de actualidad sobre la guerra y la muerte (1915)*, 2016.
—, *Psicología de las masas y análisis del «yo» (1921)*, 2594, 2595 y 2608.
—, *Sobre algunos mecanismos neuróticos en los celos, la paranoia y la homosexualidad (1922)*, 2613 y 2617-2618.
—, *El porvenir de una ilusión (1927)*, 2971.
—, *El malestar en la cultura (1930)*, 3042-3043.

5.　DICOTOMÍA: EROS-THÁNATOS

S. Freud, *Más allá del principio del placer (1920)*, 2526-2527 y 2536-2537.
—, *El «yo» y el «ello»*, 2717 y 2720.
—, *Autobiografía (1925)*, 2790.
—, *El malestar en la cultura*, 3052-3053, 3059-3060 Y 3067.

6.　FILOGENIA-ONTOGENIA

S. Freud, *Psicopatología de la vida cotidiana (1901)*, 785.
—, *La ilustración sexual del niño (1907)*, 1246.
—, *Teorías sexuales infantiles (1908)*, 1265-1266.
—, *Observaciones psicoanalíticas sobre un caso de paranoia (1910)*, 1528.
—, *Un recuerdo infantil de Leonardo da Vinci*, 1597.
—, *Totem y tabú (1912)*, 1764-1765, 1769, 1779, 1787 y 1804.
—, *Múltiple interés del psicoanálisis (1913)*, 1863.
—, *Historia de una neurosis infantil*, 1992, 1995, 1998, 2001, 2004 y 2007.
—, *Consideraciones de actualidad sobre la guerra y la muerte*, 2209.
—, *Psicología de las masas y análisis del «yo»*, 2592, 2595-2596, 2605 y 2608.

S. Freud, *Inhibición, síntoma y angustia*, 2843, 2868 y 2872-2873.
—, *El porvenir de una ilusión*, 2990.
—, *El malestar en la cultura*, 3058-3059 y 3064.

C. Lévi-Strauss, *Las estructuras elementales del parentesco*, o. c., 128-129, 131, 134-135, 139 y 569.
—, *El totemismo en la actualidad*, o. c., 104-105 y 147.
—, *Antropología estructural I*, o. c., 312-313.
—, *Palabra dada*, o. c., 20-21.
—, *La alfarera celosa*, o. c., 171-172.

7. FILOSOFÍA Y LÉVI-STRAUSS

C. Lévi-Strauss, *Las estructuras elementales del parentesco*, o. c., 528.
—, *Tristes trópicos*, o. c., 57.
—, *Mito y significado*, o. c., 29 y 32.
—, *Palabra dada*, Espasa Calpe (Madrid 1984), 39-40.

8. FREUD Y LÉVI-STRAUSS

C. Lévi-Strauss, *Las estructuras elementales del parentesco*, o. c., 51, 128-129, 133-136, 274 y 569.
—, *Tristes trópicos*, o. c., 11-12, 59 y 61.
—, *Antropología estructural I*, o. c., 24, 34, 41, 66, 68, 70, 78, 88 y 250-251.
—, *El totemismo en la actualidad*, o. c., 105 y 107.
—, *La identidad*, o. c., 99 y 115.
—, *La mirada distante*, o. c., 50.
—, *La alfarera celosa*, o. c., 168-171.

9. INCESTO

S. Freud, *Tres ensayos para una teoría sexual (1905)*, 1227.
—, *Totem y tabú*, 1747-1757.
—, *Lecciones introductorias al psicoanálisis (1917)*, 2252.
—, *El malestar en la cultura*, 3017.

C. Lévi-Strauss, *Las estructuras elementales del parentesco*, o. c., 50-51, 59, 68, 90, 175, 569 y 571.
—, *La mirada distante*, o. c., 111-120.

10. INCONSCIENTE LÉVISTRAUSSIANO

C. Lévi-Strauss, *Las estructuras elementales del parentesco*, o. c., 116.
—, *Antropología estructural I*, o. c., 226.
—, *El totemismo en la actualidad*, o. c., 107.
—, *El futuro de los estudios del parentesco*, Anagrama (Barcelona 1973), 58-59 y 62.

C. Lévi-Strauss, *La identidad*, o. c., 115.
—, *La alfarera celosa*, o. c., 157-158.

11. MITO

S. Freud, *La interpretación de los sueños (1900)*, 632.
—, *Psicopatología de la vida cotidiana (1901)*, 785.
—, *Totem y tabú*, o. c., 1847-1848.
—, *Múltiple interés del psicoanálisis (1913)*, 1863.
—, *Un paralelo mitológico a una imagen obsesiva plástica (1916)*, 2492-2430.
—, *Psicología de las masas y análisis del «yo»*, 2605.
—, *Sobre la conquista del fuego (1932)*, 3090-3093.
—, *Nuevas lecciones introductorias al psicoanálisis*, 3154.

C. Lévi-Strauss, *Antropología estructural I*, o. c., 227 y 250-251.
—, *El totemismo en la actualidad*, o. c., 46.
—, *Mitológicas I. Lo crudo y lo cocido*, o. c., 11-40.
—, *Mito y significado*, o. c., 65.
—, *La alfarera celosa*, o. c., 74, 128, 138, 157-159, 168, 171, 176 y 182.

12. PARENTESCO

S. Freud, *Tres ensayos para una teoría sexual*, 1227.
—, *Totem y tabú*, 1750-1758-1834.
—, *El porvenir de una ilusión*, 2973.
—, *El malestar en la cultura*, 3040-3041.
—, *La sexualidad femenina (1931)*, 3077.

C. Lévi-Strauss, *Las estructuras elementales del parentesco*, o. c., 75, 80-81, 90, 155, 160, 166, 175, 184 y 560-561.
—, *Antropología estructural I*, o. c., 88 y 90.
—, *El futuro en los estudios del parentesco*, o. c., 58-59 y 62.
—, *La identidad*, o. c., 99-100, 102 y 103.
—, *La mirada distante*, o. c., 117-118.

13. PERÍODO DE LATENCIA

S. Freud, *Tres ensayos para una teoría sexual*, 1230-1231.
—, *Autobiografía*, 2778.
—, *Inhibición, síntoma y angustia*, 2849-2850, 2869 y 2872-2873.

14. PERVERSIÓN

S. Freud, *Tres ensayos para una teoría sexual*, 1172-1194.
—, *Mis opiniones acerca del rol de la sexualidad en la etiología de las neurosis (1905)*, 1241.
—, *La moral sexual «cultural» y la nerviosidad moderna (1908)*, 1259.

S. Freud, *Observaciones psicoanalíticas sobre un caso de paranoia (1910)*, 1516-1517.
—, *Un recuerdo infantil de Leonardo da Vinci*, 1597 y 1599.
—, *Totem y tabú*, 1839.
—, *Historia de una neurosis infantil...*, 1979.
—, *Introducción al narcisismo (1914)*, 2033.
—, *Psicología de las masas y análisis del «yo»*, 2608.
—, *Sobre algunos mecanismos neuróticos en los celos, la paranoia y la homose-xualidad (1922)*, 2612-2613 y 2617-2618.
—, *Fetichismo*, 2994.
—, *Dostoyevski y el parricidio*, 3008-3009.
—, *El malestar en la cultura*, 3033.
—, *Los orígenes del psicoanálisis*, 3625.

C. Lévi-Strauss, *Las estructuras elementales del parentesco*, o. c., 560-561.
—, *Tristes trópicos*, o. c., 337-338.
—, *La alfarera celosa*, o. c., 150.

15. Represión

S. Freud, *Proyecto de una psicología para neurólogos (1895)*, 249.
—, *La interpretación de los sueños (1900)*, 711.
—, *El «yo» y el «ello»*, 2704.
—, *La represión (1915)*, o. c., 3027 y 3038.

16. Símbolo

S. Freud, *Proyecto de una psicología para neurólogos*, 229.
—, *Los recuerdos encubridores (1899)*, 337.
—, *La interpretación de los sueños*, 559.
—, *El chiste y su relación con lo inconsciente (1905)*, 1124.
—, *Los actos obsesivos y las prácticas religiosas*, 1342.
—, *Un recuerdo infantil de Leonardo da Vinci*, 1597.
—, *Lecciones introducidas al psicoanálisis*, 2213.

C. Lévi-Strauss, *Las estructuras elementales del parentesco*, o. c., 571.
—, *Antropología estructural I*, o. c., 66, 208, 210 y 226.
—, *El totemismo en la actualidad*, o. c., 46, 133 y 148.
—, *El pensamiento salvaje*, o. c., 353.
—, *La alfarera celosa*, o. c., 168-170, 172, 174, 176 y 181-182.

17. Sublimación

S. Freud, *La sexualidad en la etiología de las neurosis*, 327.
—, *La interpretación de los sueños*, 681.
—, *Tres ensayos para una teoría sexual*, 1198, 1214 y 1234.
—, *Mis opiniones acerca del rol de la sexualidad en la etiología de las neurosis (1905)*, 1241-1242.

S. Freud, *El carácter y el erotismo anal (1908)*, 1357.
—, *Los instintos y sus destinos (1915)*, 2044.
—, *Consideraciones sobre la guerra y la muerte (1915)*, 2116.
—, *El malestar en la cultura*, 3027 y 3038.

18.   TOTEM

S. Freud, *Totem y tabú*, 1810-1850.
—, *Historia de una neurosis infantil...*, 1972 y 2004.
—, *Inhibición, síntoma y angustia*, 2843.
—, *El porvenir de una ilusión*, 2972-2973.

C. Lévi-Strauss, *Las estructuras elementales del parentesco*, o. c., 128-129, 131,
     134, 139 y 569.
—, *El totemismo en la actualidad*, o. c., 15, 46, 51 y 147-148.

19.   YO

S. Freud, *Proyecto de una psicología para neurólogos*, 233 y 263.
—, *Introducción al narcisismo*, 2022-2033.
—, *El «yo» y el «ello»*, 2709 y 2716.
—, *El malestar en la cultura*, 3057.
—, *Nuevas lecciones introductorias al psicoanálisis*, 3132-3134 y 3144-3145.

C. Lévi-Strauss, *Tristes trópicos*, o. c., 15.
—, *Antropología estructural II*, o. c., 42 y 278.
—, *La identidad*, o. c., 10 y 18.
—, *Mito y significado*, o. c., 9 y 22.

II.   BIBLIOGRAFIA DE FREUD Y LEVI-STRAUSS

1.   OBRAS DE FREUD PREFERENTEMENTE CONSULTADAS [1]

— *Estudios sobre la histeria (1895).*
— *Proyecto de una psicología para neurólogos (1985).*
— *La herencia y la etiología de las neurosis (1896).*
— *La sexualidad en la etiología de las neurosis (1989).*
— *Los recuerdos encubridores (1899).*
— *La interpretación de los sueños (1900).*
— *Psicopatología de la vida cotidiana (1901).*
— *El chiste y su relación con lo inconsciente (1905).*

---

[1]   Todas ellas se encuentran en la edición que se sigue en esta investigación: S. Freud, *Obras Completas*, Biblioteca Nueva (Madrid 1973).

— *Tres ensayos para una teoría sexual (1905).*
— *Mis opiniones acerca del rol de la sexualidad en la etiología de las neurosis (1905).*
— *La ilustración sexual del niño (1907).*
— *La moral sexual «cultural» y la nerviosidad moderna (1908).*
— *Teorías sexuales infantiles (1908).*
— *Personajes psicopáticos en el teatro (1905).*
— *Los actos obsesivos y las prácticas religiosas (1907).*
— *Fantasías histéricas y su relación con la bisexualidad (1908).*
— *El carácter y el erotismo anal (1908).*
— *La novela familiar del neurótico (1909).*
— *Análisis de la fobia de un niño de cinco años. Caso «Juanito» (1909).*
— *Análisis de un caso de neurosis obsesiva. Caso «El hombre de las ratas» (1909).*
— *Observaciones psicoanalíticas sobre un caso de paranoia («Dementia paranoides») autobiográficamente escrito. Caso «Schreber» (1910).*
— *Psicoanálisis (cinco conferencias pronunciadas en la Clark University, Estados Unidos (1910).*
— *El porvenir de la terapia psicoanalítica (1910).*
— *Un recuerdo infantil de Leonardo da Vinci (1910).*
— *El doble sentido antitético de las palabras primitivas (1910).*
— *Sobre un tipo especial de elección de objeto en el hombre (1910).*
— *Contribuciones al simposio sobre el suicidio (1910).*
— *Contribuciones al simposio sobre la masturbación (1912).*
— *Sobre una degradación general de la vida erótica (1912).*
— *Sobre las causas ocasionales de las neurosis (1912).*
— *La disposición a la neurosis obsesiva (1913).*
— *Totem y tabú (1913).*
— *Múltiple interés del psicoanálisis (1913).*
— *Historia del movimiento psicoanalítico (1914).*
— *Historia de una neurosis infantil (Caso del «Hombre de los lobos») (1914).*
— *Introducción al narcisismo (1914).*
— *Sobre las trasmutaciones de los instintos y especialmente del erotismo anal (1915).*
— *Los instintos y sus destinos (1915).*
— *La represión (1915).*
— *Consideraciones de actualidad sobre la guerra y la muerte (1915).*
— *Lecciones introductorias al psicoanálisis (1916).*
— *Varios tipos de carácter descubiertos en la labor analítica (1916).*
— *Un paralelo mitológico a una imagen obsesiva plástica (1916).*
— *Una relación entre un símbolo y un síntoma (1916).*
— *El tabú de la virginidad (1918).*
— *Pegan a un niño. Aportación al conocimiento de la génesis de las perversiones sexuales (1919).*
— *Lo siniestro (1919).*
— *Introducción al simposio sobre las neurosis de guerra (1919).*
— *Más allá del principio del placer (1920).*
— *Psicología de las masas y análisis del «yo» (1921).*
— *Sobre algunos mecanismos neuróticos en los celos, la paranoia y la homosexualidad (1922).*

169

— *Una neurosis demoníaca en el siglo XVII (1923).*
— *El «yo» y el «ello» (1923).*
— *La disolución del Completo de Edipo (1924).*
— *Autobiografía (1925).*
— *Inhibición, síntoma y angustia (1926).*
— *El porvenir de una ilusión (1927).*
— *Fetichismo (1927).*
— *Dostoyevski y el parricidio (1928).*
— *El malestar en la cultura (1930).*
— *La sexualidad femenina (1931).*
— *Sobre la conquista del fuego (1932).*
— *El porqué de la guerra (1933).*
— *Moisés y la religión monoteísta: tres ensayos (1939).*

2.   OBRAS DE LÉVI-STRAUSS

2.1.   *Libros*

— *La vie familiale et sociale des indiens nambikwara,* Societé des Américanistes (Paris 1948).
— *Las estructuras elementales del parentesco (1949),* Planeta (Barcelona 1985).
— *Tristes trópicos (1955),* Paidós (Barcelona 1988).
— *Antropología estructural I (1958),* Paidós (Barcelona 1987).

   • 'Historia y Etnología' (1949).
   • 'El análisis estructural en Lingüística y en Antropología' (1945).
   • 'Lenguaje y sociedad' (1951).
   • 'Lingüística y Antropología' (1952).
   • 'Apéndice de los capítulos III y IV' (1956).
   • 'La noción de arcaísmo en Etnología' (1952).
   • 'Las estructuras sociales en el Brasil central y oriental' (1952).
   • '¿Existen organizaciones dualistas?' (1956).
   • 'El hechicero y su magia' (1949).
   • 'La estructura de los mitos' (1955).
   • 'Estructura y dialéctica' (1956).
   • 'El desdoblamiento de la representación en el arte de Asia y América' (1944-45).
   • 'La serpiente con el cuerpo lleno de peces' (1947).
   • 'La noción de estructura en Etnología' (1953).
   • 'Apéndice del capítulo XV' (1956).
   • 'Lugar de la Antropología entre las ciencias sociales y problemas planteados por su enseñanza' (1954).

— *El totemismo en la actualidad (1962),* FCE (México 1980).
— *El pensamiento salvaje (1962),* FCE (México 1984).
— *Mitológicas I. Lo crudo y lo cocido (1964),* FCE (México 1982).
— *El futuro de los estudios del parentesco (1966),* Anagrama (Barcelona 1973).
— *Mitológicas II. De la miel a las cenizas (1967),* FCE (México 1978).

— *Mitológicas III. El origen de las maneras de mesa (1968)*, Siglo XXI (México 1982).
— *Mitológicas IV. El hombre desnudo (1971)*, Siglo XXI (México 1983).
— *Estructuralismo y ecología (1972)*, Anagrama (Barcelona 1979).
— *Antropología estructural II (1973)*, Siglo XXI (México 1979).

* 'Raza e historia' (1952).
* 'Los tres humanismos' (1956).
* 'La gesta de Asdiwal' (1958).
* 'Cuatro mitos Winnebago' (1960).
* 'La estructura y la forma' (1960).
* 'La manipulación de los modelos sociológicos' (1960).
* 'Lo que la Etnología debe a Durkheim' (1960).
* 'Entrevista con J. P. Weber' (1960).
* 'Jean-Jacques Rousseau, fundador de las ciencias del hombre' (1962).
* 'Las discontinuidades culturales y el desarrollo económico y social' (1963).
* 'La contaminación de las fuentes del arte' (1965).
* 'Respuesta a un cuestionario' (1965).
* 'Civilización urbana y salud mental' (1965).
* 'El Bureau of American Ethnology y sus lecciones' (1966).
* 'A propósito de una retrospectiva' (1966).
* 'El sexo de los astros' (1967).
* 'Religiones comparadas de pueblos sin escritura' (1969).
* 'Los hongos en la cultura' (1970).
* 'Cómo mueren los mitos' (1970).
* 'Relación de simetría entre ritos y mitos de pueblos vecinos' (1971).
* 'Reflexiones sobre el átomo de parentesco' (1973).

— *La vía de las máscaras (1975)*, Siglo XXI (México 1987).
— *Elogio de la Antropología*, Caldén (Buenos Aires 1976).

* 'Elogio de la Antropología' (1960).
* 'Respuestas a algunas preguntas' (1963).
* 'Conversaciones con Lévi-Strauss' (Paolo Caruso) (1963).
* 'Entrevista a Cl. Lévi-Strauss' (R. Bellour) (1973).

— *La identidad (1977)*, Petrel (Barcelona 1981).
— *Mito y significado (1978)*, Alianza (Madrid 1987).
— *La mirada distante (1983)*, Argos Vergara (Barcelona 1984).

* 'Raza y cultura' (1971).
* 'El etnólogo frente a la condición humana' (1956).
* 'La familia' (1956).
* 'Un «átomo de parentesco» australiano' (1983).
* 'Lecturas cruzadas' (1982).
* 'Del casamiento en un grado próximo' (1983).
* 'Estructuralismo y ecología' (1972).
* 'Estructuralismo y empirismo' (1976).
* 'Las lecciones de la Lingüística' (1976).
* 'Religión, lengua e historia' (1973).
* 'De la posibilidad mítica a la existencia social' (1982).

171

- 'Cosmopolitismo y esquizofrenia' (1976).
- 'Mito y olvido' (1975).
- 'Pitágoras en América' (1979).
- 'Una prefiguración anatómica de la gemelitud' (1978).
- 'Un pequeño enigma mítico-literario' (1980).
- 'De Chrétien de Troyes a Richard Wagner' (1975).
- 'Nota sobre la tetralogía' (1983).
- 'Una pintura meditativa' (1983).
- 'A un joven pintor' (1980).
- 'Nueva York post y prefigurativo' (1977).
- 'Propósitos retardatarios sobre el niño creador' (1975).
- 'Reflexiones sobre la libertad' (1976).

— *Palabra dada (1984)*, Espasa Calpe (Madrid 1984).
— *La alfarera celosa (1985)*, Paidós (Barcelona 1986).
— *De pres et deloin*, Odile Jacob (Paris 1988).

2.2. Artículos [2]

— 'Anthropologie', *Diogene*, 90, 1975, 1-15.
— 'Anthropologie, histoire, idéologie', *L'Homme*, XV, 3-4, 1975, 117-189.
— 'Les dessous d'un masque', *L'Homme*, XVII, 1, 1977, 5-27.
— 'Réponse a Edmun Leach', *L'Homme*, XVII, 2, 1977, 131-133.
— 'On Merleau-Ponty', *Grad. Fac. Philos. J.*, 1978, 7, 179-188.
— 'Medizinmanner und psychoanalyse', *Integrative therapie*, 4, 1979, 297-302.
— 'Margaret Mead o la antropología en femenino', *Correo de la Unesco*, junio 1979, 39-40.
— 'Et indiannersamfund og dets stil', *Hiknin*, 5, 1979, 97-110.
— 'La condition humaine a la lumière des connaissances anthropologiques', *Culture et comunication*, 24, 1980, 2837.
— 'Culture et nature. La condition humaine a la lumière de l'anthropologie', *Comentaire*, 15, 1981, 365-372.
— 'The work of Edward Westermarck', *Acta philosophica Fennica*, 34, 1982, 181-194.
— 'Mito e societá', *Prometeo*, 1, 1, 1983, 6-17.
— 'Histoire et sciences sociales', *Annales economies, societés, civilizations*, 6, 1983, 1217-1231.

2 Solamante reseño algunos artículos posteriores a 1975 que no han sido compilados en otras obras de Lévi-Strauss. Para artículos anteriores a esta fecha, consúltense los más de 170 recogidos por P. Gómez García, en *La Antropología estructural de Cl. Lévi-Strauss*, o. c., 359-368.

III. OBRAS RELATIVAS A LOS DOS AUTORES CONSIDERADOS:
FREUD Y LEVI-STRAUSS

1. LIBROS

Adler, A., La educación de los niños, Losada (Buenos Aires 1967).
—, El carácter neurótico, Planeta (Barcelona 1984).
Adorno, T., y Dirks, W., Freud en la actualidad, Barral (Barcelona 1971).
Althusser, L., y otros, Freud y Lacan, Anagrama (Barcelona 1970).
—, Estructuralismo y Psicoanálisis, Nueva Visión (Buenos Aires 1971).
Alvarez Villar, A., Sexo y cultura, Biblioteca Nueva (Madrid 1971).
Andreas-Salomé, L., Aprendiendo con Freud, Laertes (Barcelona 1977).
Ansart-Dourcen, M., Freud et les Lumières, Payot (Paris 1985).
Antiseri, D, Análisis epistemológico del marxismo y del psicoanálisis, Sígueme (Salamanca 1978).
Armando, A., La vuelta a Freud. Mito y realidad, Paidós (Buenos Aires 1975).
Assoun, P. L., Freud, la Filosofía y los filósofos, Paidós (Barcelona 1982).
—, Epistemología freudiana, Siglo XXI (México 1982).
—, Freud y Nietzsche, FCE (México 1984).
Auzias, J. M., El Estructuralismo, Alianza (Madrid 1969).
Axelos, K., 'Freud, analista del hombre, en VV.AA., El pensamiento planetario, Monte Avila (Caracas 1960).

Bachelard, G., El aire y los sueños, FCE (México 1958).
Backes-Clemen, C., Lévi-Strauss, Anagrama (Barcelona 1974).
Badcock, C. R., Lévi-Strauss. El estructuralismo y la teoría sociológica, FCE (México 1979).
Bally, G., Einfuhrung in die Psychoanalyse Sigmund Freuds, Rowohlt (Hamburg 1968).
Barbano, F., y otros, Estructuralismo y Sociología, Nueva Visión (Buenos Aires 1970).
Bartels, M., Selbstbewusstsein und Unbewusstes. Studien zu Freud u. Heidegger, Gruyter (Berlin 1976).
Bastide, R., y otros, Sociología y Psicoanálisis, Fabril (Buenos Aires 1961).
—, Sentidos y usos del término estructura, Paidós (Buenos Aires 1968).
Beals, R. L., y Hoijer, H., Introducción a la Antropología, Aguilar (Madrid 1976).
Benavides, M., El hombre estructural, CECA (Madrid 1974).
—, 'La Antropología estructural de Cl. Lévi-Strauss', en J. de Sahagún Lucas, Antropologías del siglo XX, Sígueme (Salamanca 1983).
Benedict, R., El hombre y la cultura, Edhasa (Barcelona 1971).
Benzo Mestre, M., Sobre el sentido de la vida, BAC (Madrid 1975).
Bersani, L., Baudelaire and Freud, University of California Press (Berkeley 1977).
Bizet, J. A., y otros, Estructuralismo y Estética, Nueva Visión (Buenos Aires 1969).
Blumer, H., El interaccionismo simbólico, Hora (Barcelona 1982).
Bocock, R., Freud and modern society. An outline and analysis of Freud's sociology, Thomas Nelson & Sons (London 1976).
Bolívar Botia, A., El estructuralismo. De Lévi-Strauss a Derrida, Cincel (Madrid 1985).
Bonnardel, R., Los procesos de la hominización, Grijalbo (México 1969).
Boon, J. A., Del simbolismo al estructuralismo, El Ateneo (Buenos Aires 1976).
Boudon, R., Para qué sirve la noción de «estructura», Aguilar (Madrid 1973).

Bowie, M., *Freud, Prouts, and Lacan. Theory as fiction*, Cambridge U. Press (London 1987).

Braunstein, N. A., *La reflexión de los conceptos de Freud en la obra de Lacan*, Siglo XXI (México 1984).

Bres, Y., *Freud et la psychanalyse américaine: K. Horney*, J. Vrin (Paris 1970).

Brodeur, C., *Du probleme de l'inconscient a une philosophie de l'homme*, I. Recherches psychologiques (Montréal 1969).

Brown, B., *Marx, Freud y la crítica a la vida cotidiana*, Amorrortu (Buenos Aires 1975).

Brown, N. O., *El cuerpo del amor*, Planeta (Barcelona 1986).

—, *Eros y Tánatos. El sentido psicoanalítico de la historia*, Joaquín Mortiz (México 1987).

Buber, M., *¿Qué es el hombre?*, FCE (Madrid 1979).

Buchler, I., *Estudios de parentesco*, Anagrama (Barcelona 1982).

Cabeza, R., *Freud, el teólogo negativo*, UPS (Salamanca 1989).

Campbell, J., *El héroe de las mil caras. Psicoanálisis del mito*, FCE (Madrid 1972).

Caparrós, A., 'El pensamiento antropológico de S. Freud', en J. de Sahagún Lucas, *Antropologías del siglo XX*, Sígueme (Salamanca 1976).

Cappeletti, V., *Freud. Struttura della metapsicologia*, Laterza (Roma 1973).

Cardin, A., *Guerreros, chamanes y travestís*, Tusquets (Barcelona 1984).

Caruso, P., *Conversaciones con Lévi-Strauss, Foucault y Lacan*, Anagrama (Barcelona 1969).

Cassirer, E., *Filosofía de las formas simbólicas*, FCE (México 1971).

—, *Antropología filosófica*, FCE (México 1974).

Castilla del Pino, C., *Psicoanálisis y marxismo*, Alianza (Madrid 1974).

Castillo Caballero, D., *Los barí. Su mundo social y religioso*, Naturaleza y Gracia (Salamanca 1981).

Cencillo, L., *Mito, semántica y realidad*, BAC (Madrid 1970).

—, *Historia de la reflexión*, U. Complutense (Madrid 1972).

Cencillo, L., y García, J. L., *Antropología cultural: factores psíquicos de la cultura*, Guadiana (Madrid 1976).

Ceriotto, C. L., *Fenomenología y psicoanálisis*, Troquel (Buenos Aires 1969).

Cirlot, J. E., *Diccionario de símbolos*, Labor (Barcelona 1982).

Clancier, P.-S., *Freud*, E. universitaires (Paris 1972).

Clark, R. W., *Freud. El hombre y su causa*, Planeta (Barcelona 1985).

Clarke, S., *The foundations of structuralism*, The Harvester Press (Brighton 1981).

Cohen, A. J., *Marcuse. Le scénario freudo-marxien*, E. U. (Paris 1974).

—, *Marcuse entre Marx y Freud*, S. Educación Atenas (Salamanca 1978).

Cohen, I. H., *Ideology and unconsciousness: Reich, Freud and Marx*, N. Y. University Press (New York 1982).

Cole, J. P., *The problematic self in Kierkegaard and Freud*, Yale Univ. Press (New Haven 1971).

Cook, A. S., *Myth and language*, Indiana U. Press (Bloomington 1980).

Corbi, M., *Análisis epistemológico de las configuraciones humanas*, U. de Salamanca (Salamanca 1983).

Corvez, M., *Structuralisme (Michel Foucault, Claude Lévi-Strauss, Jacques Lacan, Louis Althusser)*, Het Spectrum (Utrecht 1971).

Cristaldi, M., y otros, *Problemi dell'interpretazione*, Giannotta (Catania 1977).

Cruz Cruz, J., *Filosofía de la Estructura*, EUNSA (Pamplona 1974).

Charbonier, G., *Entretiéns avec Lévi-Strauss*, UGE (Paris 1969).
Chasseguet, Singel y otros, *Los caminos del anti-edipo*, Paidós (Buenos Aires 1979).
Chauchard, P., *El mensaje de Freud*, Fax (Madrid 1973).
Chomsky, N., *El lenguaje y el entendimiento*, Seix Barral (Barcelona 1986).
Choza, J., *Conciencia y afectividad (Aristóteles, Nietzsche, Freud)*, EUNSA (Pamplona 1971).
—, *Manual de Antropología filosófica*, Rialp (Madrid 1988).

Dadoum, R., *Freud*, Argos Vergara (Barcelona 1984).
Darwin, Ch., *Teoría de la evolución*, Península (Madrid 1975).
—, *El origen de las especies*, Bruguera (Barcelona 1983).
David-Menard, M., y otros, *Les identifications*, Deonel (Paris 1977).
Deleuze, G., y F. Guattari, *El anti-edipo*, Paidós (Barcelona 1985).
Del Ninno, M., *L'analisi dei miti in Cl. Lévi-Strauss: lessico metodologico*, Stampatori tipolitografi associati (Palermo 1975).
Derrida, J., *The post card. From Socrates to Freud and beyond*, U. Chicago Press (Chicago 1987).
Devereux, G., *Ensayos de Etnopsiquiatría general*, Barral (Barcelona 1973).
—, *Etnopsicoanálisis complementarista*, Amorrortu (Buenos Aires 1975).
—, *La vulva mítica*, Icaria (Barcelona 1984).
Devos, G., *Antropología psicológica*, Anagrama (Barcelona 1981).
Diamond, S., y Belasco, B., *De la cultura primitiva a la cultura moderna*, Anagrama (Barcelona 1982).
Di Caro, A., *Lévi-Strauss: teoria de la lingua o antropologismo?*, Spirali (Milano 1981).
Diel, P., *El simbolismo en la mitología griega*, Labor (Barcelona 1976).
Dierkens, J., *Freud. Antología sistemética*, Oikos-tau (Barcelona 1972).
Dilman, I., *Freud and human nature. A philosophical discussion*, Basil Blackwell (Oxford 1983).
Dolle, J. M., *De Freud a Piaget. Elements por une approche intégrative de l'affectivité et de l'intelligence*, E. Privat (Toulouse 1977).
Dolma, J., *Freud*, Centro Editor de América Latina (Buenos Aires 1968).
Dostoyevski, F., *Los hermanos Karamazov*, Bruguera (Barcelona 1983).
Draenos, S., *Freud's odyssey. Psychoanalysis and the end of metaphysics*, Yale University Press (New Haven 1982).
Drieman, S. C. A., *Schiller end de crisis in de hedendaagse cultuur*, Rodopi (Amsterdam 1981).
Due, M., *Ontologie und Psychoanalyse. Metapsychologische Untersuchung uber den Begriff der Angst in den Schriften Sigmund Freud und Martin Heideggers*, Hain bei Athenaum (Frankfurt, 1986).
Dufresne, R., *Bibliographie des éscrits de Freud, en francais, allemand et anglais*, Payot (Paris 1973).
Durand, G., *La imaginación simbólica*, Amorrortu (Buenos Aires 1971).
—, *Las estructuras antropológicas de lo imaginario*, Taurus (Madrid 1976).
Durkheim, E., *Las reglas del método sociológico y otros escritos*, Alianza (Madrid 1988).

Eliade, M., *Tratado de historia de las religiones*, IEP (Madrid 1954).
—, *El chamanismo*, FCE (México 1960).
—, *Iniciaciones místicas*, Taurus (Madrid 1975).
—, *Imágenes y símbolos*, Taurus (Madrid 1976).

Ehrenzweig, A. A., *Giurisprudenza psicoanalitica: da Platone a Freud e oltre*, La Salamandra (Milano 1982).

Eloki, M. M. N., *Claude Lévi-Strauss. Anthropologie et communication*, Lang (Berne 1984).

Erikson, E. H., *Etica y Psicoanálisis*, FCE (México 1967).

Esbroeck, M. v., *Hermeneútique, structuralisme et exégese*, Desclée et Cie (Paris 1968).

Esteva Fábregat, C., *Cultura, sociedad y personalidad*, Anthropos (Barcelona 1978).

Etcheverry, J. L., *Sobre la versión castellana de las obras completas de S. Freud*, Amorrortu (Buenos Aires 1976).

Evans-Pritchard, E., *Historia del pensamiento antropológico*, Cátedra (Madrid 1987).

Fabre-Luce, A., *Les demi-dieux meurent aussi*, Fayard (Paris 1977).

Fages, J. B., *Para comprender el estructuralismo*, Proteo (Buenos Aires 1968).

—, *Para comprender a Lévi-Strauss*, Amorrortu (Buenos Aires 1974).

Feffer, M., *The structure of Freudian thought*, I. U. Press (New York 1982).

Fenichel, O., *Teoría psicoanalítica de las neurosis*, Paidós (Barcelona 1984).

Fergola, G., *Il reazionario Freud*, EDART (Napoli 1971).

Fenner, B., *Friedrich Hebbel zwischen Hegel und Freud*, Klett-Cotta (Sttutgart 1979).

Ferraro, A., *A trilogy of Freud's major fallacies*, Vantage Press (New York 1979).

Ferrater Mora, J., *Diccionario de Filosofía*, Alianza (Madrid 1982).

Flam, L., *Grote stromingen van de filosofie. Eenzaamheid en gemeenschap van Thales tot Claude Lévi-Strauss*, Uitgaven (Brussel 1972).

Fleischmann, E., y otros, *Estructuralismo y Antropología*, Nueva Visión (Buenos Aires 1969).

Foucault, M., *Las palabras y las cosas*, Siglo XXI (México 1971).

—, *Nietzsche, Freud, Marx*, Anagrama (Barcelona 1975).

Fougeyrollas, P., *La revolución freudiana*, Guadiana (Madrid 1971).

—, *Marx, Freud et la révolution totale*, E. Anthropos (Paris 1972).

—, *Contre Lévi-Strauss, Lacan et Althusser. Trois essais sur l'obscurantisme contemporain*, E. de la Jonquiere (Paris 1976).

Fox, R., 'Reconsideración sobre Totem y tabú', en E. Leach, *Estructuralismo, mito y totemismo*, Nueva Visión (Buenos Aires 1972).

—, *Sistemas de parentesco y matrimonio*, Alianza (Madrid 1985).

Francovich, G., *El estructuralismo: Lévi-Strauss, Foucault, Marx, Sartre, Marcuse, McLuhan*, Plus Ultra (Buenos Aires 1973).

Frazer, J., *La rama dorada*, FCE (México 1974).

—, *Mitos sobre el origen del fuego*, Alta Fulla (Barcelona 1986).

—, *El totemismo*, Eyras (Madrid 1987).

Freijo, E., *El hombre hoy*, Kadmos (Salamanca 1976).

Freud, A., *El yo y los mecanismos de defensa*, Paidós (Buenos Aires 1983).

Freud, E., y otros, *Sigmund Freud. Lieux, visages, objets*, Gallimard (Paris 1979).

Fromm, E., *Etica y Psicoanálisis*, FCE (México 1957).

—, *El miedo a la libertad*, Paidós (Buenos Aires 1968).

—, *Marx e Freud*, Il Saggiatore (Milano 1970).

—, *Grandeza y limitaciones del pensamiento de Freud*, Siglo XXI (Madrid 1979).

—, *Psicoanálisis de la sociedad contemporánea*, FCE (Madrid 1979).

—, *La misión de Freud*, FCE (México 1980).

—, *El lenguaje olvidado*, Hachette (Buenos Aires 1980).

—, *Anatomía de la destructividad humana*, Siglo XXI (Madrid 1982).

Gabetta, G., *Strategie della ragione. Weber e Freud*, Feltrinelli (Milano 1981).
Gabriel, Y., *Freud and society*, Routledge & Kegan Paul (London 1983).
Gadamer, H. G., y Vogler, *Nueva Antropología*, Omega (Barcelona 1975).
Garaudy, R., *Perspectivas del hombre*, Fontanella (Barcelona 1970).
García Gual, C., *Prometeo: mito y tragedia*, Peralta (Madrid 1979).
García, M., *Estructura y dialéctica*, Castellote (Madrid 1972).
García, R., *Psicoanálisis y sociedad*, Anagrama (Barcelona 1975).
Gardner, H., *The quest for mind. Piaget, Lévi-Strauss and the structuralist movement*, Quartet Books (London 1976).
Gasché, R., *Die hybride Wissenschaft. Zur Mutation d. Wissenschaftsbegriffs bei Emile Durkheim u. im Strukturalismus von Claude Lévi-Strauss*, Metzler (Sttutgart 1973).
Gehlen, A., *El hombre. Su naturaleza y su lugar en el mundo*, Sígueme (Salamanca 1980).
Geiwitz, J., *Teorías no freudianas de la personalidad*, Marova (Madrid 1977).
Georges Haudricourt, A., y otros, *Estructuralismo y Lingüística*, Nueva Visión (Buenos Aires 1969).
Georgin, R., *De Lévi-Strauss a Lacan*, Cistre (Petit-Rœulx 1983).
Godelier, M., *Funcionalismo, estructuralismo y marxismo*, Anagrama (Barcelona 1972).
Gómez García, P., *La antropología estructural de Cl. Lévi-Strauss*, Tecnos (Madrid 1981).
González, A., y otros, *Tres escritos introductorios al estudio del parentesco*, UAB (Bellaterra 1983).
Goux, J. J., *Economie et simbolique: Freud, Marx*, E. de Seuil (Paris 1973).
Gritti, J., y Toinet, P., *Verse et controverse. Le structuralisme*, Beauchesne (Paris 1968).
Gross, M. L., *La falacia de Freud*, Cosmos (Madrid 1979).
Grunberger, B., y otro, *Freud ou Reich? Psychanalyse et illusion*, Tchou (Paris 1976).
Guala, Ch., *Momenti analitici del concetto di struttura. Malinowski, Radcliffe-Brown, Durkheim, Mauss, Lévi-Strauss*, G. Giappichelli (Torino 1973).
Guerra Gómez, M., *Claude Lévi-Strauss. Antropología estructural*, Magisterio Español (Madrid 1979).

Habermas, J., *Conocimiento e interés*, Taurus (Madrid 1982).
Haeckel, E., *El origen del hombre*, Anagrama (Barcelona 1972).
Harris, M., *El desarrollo de la teoría antropológica. Una historia de las teorías de la cultura*, Siglo XXI (Madrid 1978).
—, *Introducción a la Antropología general*, Alianza (Madrid 1981).
—, *El materialismo cultural*, Alianza (Madrid 1982).
Heinrichs, H.-J., *Sprachkorper. Zu Claude Lévi-Strauss u. Jacques Lacan*, Qumran (Paris 1983).
Hendrik, M., y Rintenbeek, *Psicoanálisis y Ciencias Sociales*, FCE (México 1973).
Hesnard, A., *De Freud a Lacan*, Martínez Roca (Barcelona 1976).
Hessing, S., y otros, *Speculum Spinozanum 1677-1977*, Routledge & Kegan Paul (London 1978).
Hodard, Ph., *Sartre: entre Marx et Freud*, J.-P. Delarge (Paris 1979).
Hoebel, A. E., *Antropología: el estudio del hombre*, Omega (Barcelona 1973).
Hollitscher, W., *Agression im Menschenbild. Marx, Freud, Lorenz*, V. Marxistische Blatter (Frankfurt 1972).
Horden, P., y otros, *Freud and the humanities*, St. Martin's Press (New York 1985).
Horney, K., *La personalidad neurótica de nuestro tiempo*, Paidós (Barcelona 1981).

Hougaard, E., *Some reflexions on the relationship between Freudian psychoanalysis and Husserlian phenomenology*, Institute of Psychology (University of Aarhus 1976).
Huber, G., *Sigmund Freud und Claude Lévi-Strauss. Zur anthropologische Bedeutung der theorie des Unbewussten*, VWGO (Wien 1986).
Hugh Erdelyi, M., *Psicoanálisis. La psicología cognitiva de Freud*, Labor (Madrid 1987).

Imbasciati, A., *Eros y Logos*, Herder (Barcelona 1981).
Izenberg, G. N., *The existentialist critique of Freud. The crisis of autonomy*, Princenton U. Press (Princenton 1976).

Jaccard, J., *Freud el conquistador*, Ariel (Barcelona 1985).
Jacob, F., y otros, *Lógica de lo viviente e historia de la Biología*, Anagrama (Barcelona 1975).
Jakobson, R., *Six lecons sur le son et le sens*, E. de Minuit (Paris 1976).
Jakobson, R., y Halle, M., *Fundamentos del lenguaje*, Ayuso (Madrid 1973).
Jalley, E., *Wallon, lecteur de Freud et Piaget*, E. Sociales (Paris 1981).
Jenkins, A., *The social theory of Claude Lévi-Strauss*, Macmillan (London 1979).
Jiménez, J., *La estética como utopía antropológica. Bloch y Marcuse*, Tecnos (Madrid 1983).
Jiménez Núñez, *Antropología cultural*, INCIE (Madrid 1979).
Jones, E., *Sociedad, cultura y psicoanálisis hoy*, Paidós (Buenos Aires 1964).
—, *Vida y obra de S. Freud*, 3 vol., Hormé (Buenos Aires 1979).
Julien, Ph., *Le retour a Freud de Jacques Lacan. L'application au miroir*, Eres (Toulouse 1985).
Jung, C. G., *Simbología del espíritu*, FCE (México 1962).
—, *Los complejos y el inconsciente*, Alianza (Madrid 1969).
—, *Lo inconsciente*, Losada (Buenos Aires 1976).
—, *El hombre y sus símbolos*, Caralt (Barcelona 1976).
—, *Psicología y simbólica del arquetipo*, Paidós (Buenos Aires 1977).
—, *El secreto de la flor de oro*, Paidós (Barcelona 1981).
—, *Símbolos de transformación*, Paidós (Barcelona 1982).
—, *Arquetipos e inconsciente colectivo*, Paidós (Barcelona 1984).

Kahn, J. S., *El concepto de cultura, textos fundamentales*, Anagrama (Barcelona 1975).
Kalin, M. G., *The utopian flight from unhappiness. Freud against Marx on social progress*, Nelson Hall (Chicago 1974).
Kalivoda, *Marx y Freud*, Anagrama (Barcelona 1975).
Kardiner, A., *Fronteras psicológicas de la sociedad*, FCE (México 1955).
—, *El individuo y su sociedad*, FCE (México 1975).
Keat, R., *The politics of social theory. Habermas, Freud and the critique of positivism*, Basil Blackwell (Oxford 1981).
Kirk, G. S., *El mito*, Paidós (Barcelona 1985).
Kluckhohn, C., *Antropología*, FCE (México 1974).
Koenigswald, G. H., *Historia del hombre*, Alianza (Madrid 1980).
Kofman, S., *L'enfance de l'art. Una interpretation de l'esthétique freudienne*, Galilée (Paris 1985).
Korn, F., *Elementary structures reconsidered. Lévi-Strauss on kinship*, U. California Press (Berkeley 1973).
Knapp, G., *Der antimetaphysische Mensch: Darwin, Marx, Freud*, Klett (Sttutgart 1973).

Kremer-Marietti, A., *La simbolicité ou le probleme de la symbolisation*, Presses universitaires de France (Paris 1982).

Kurzweil, E., *The age of structuralism*. *Lévi-Strauss to Foucault*, Columbia U. Press (Irvington 1980).

Lacan, J., *Le séminaire*, E. de Seuil (Paris 1975).

—, *La familia*, Argonauta (Barcelona 1982).

—, *Escritos*, 2 vols., Siglo XXI (México 1984).

Laing, R. D., *El yo y los otros*, FCE (México 1978).

Lanteri-Laura, G., y otros, *Introducción al estructuralismo*, Nueva Visión (Buenos Aires 1970).

Laplanche, J., *Vida y muerte en el psicoanálisis*, Amorrortu (Buenos Aires 1973).

—, *La sublimatión*, Presses Universitaires de France (Paris 1980).

Laplanche, J., y Pontalis, J. B., *Diccionario de Psicoanálisis*, Labor (Barcelona 1982).

Laplantine, F., *La Etnopsiquiatría*, Gedisa (Barcelona 1986).

Lapointe, F. H., y Lapointe, C. C., *Claude Lévi-Strauss and his critis*, Garland Pub (New York 1977).

Laurent, B., *Schulderfahrung und Gottesfrage bei Nietzsche und Freud*, Kaiser (Munchen 1977).

Lazerowitz, M., *The language of philosophy. Freud and Wittgenstein*, D. Reidel P. Company (Boston 1977).

Leach, E., *Lévi-Strauss, antropólogo y filósofo*, Anagrama (Barcelona 1969).

—, *Estructuralismo, mito y totemismo*, Nueva Visión (Buenos Aires 1972).

Lefebvre, H., *Ajustes de cuentas con el estructuralismo. Claude Lévi-Strauss y el nuevo eleatismo*, Alberto Corazón (Madrid 1969).

Lefebvre, H., y otros, *Estructuralismo y Filosofía*, Nueva Visión (Buenos Aires 1970).

—, *Au-dela du structuralisme*, Anthropos (Paris 1971).

Lepenies, W., y Nolte, H., *Kritik der Anthropologie. Marx und Freud. Gehelen und Habermas*, Hanser (Munchen 1971).

Lepp, I., *Psicoanálisis de la muerte*, Carlos Lohlé (Buenos Aires 1971).

Leser, N., *Jenseits von Marx und Freud. Studien zur philosoph. Anthropologie*, Osterreichischer Bundesverlag (Wien 1980).

Lévesque, C., *L'étrangeté du texte. Essais sur Nietzsche, Freud, Blanchot et Derrida*, Union Générale d'Editions (Paris 1978).

Levine, R. A., *Cultura, conducta y personalidad*, Akal (Madrid 1977).

Levy-Bruhl, L., *El alma primitiva*, Sarpe (Madrid 1985).

Levy-Valensi, E. A., *El psicoanálisis, perspectivas y riesgos*, Marova (Madrid 1972).

Liberman y Maldavsky, *Psicoanálisis y semiótica*, Paidós (Buenos Aires 1975).

Linton, R., *Cultura y personalidad*, FCE (México 1975).

Lock, J. D., *Psychoanalytic hermeneutics. An application of Paul Ricoeur's philosophy to Freudian and Jungian psychologies*, University M. I. (Ann Arbor 1983).

López Ibor, J. J., *Freud y sus ocultos dioses*, Planeta (Barcelona 1975).

Lorenz, K., *Sobre la agresión: el pretendido mal*, Siglo XXI (Madrid 1982).

—, *Consideraciones sobre las conductas animal y humana*, Planeta (Barcelona 1985).

Lorenzer, A., *Crítica del concepto psicoanalítico de símbolo*, Amorrortu (Buenos Aires 1976).

Lowie, R., *La sociedad primitiva*, Amorrortu (Buenos Aires 1972).

—, *Historia de la Etnología*, FCE (México 1974).

Luyten, N. A., y otros, *L'anthropologie de saint Thomas*, E. universitaires (Fribourg 1974).

Lyotard, J.-F., *Dérive a partir de Marx et Freud*, U.G.E. (Paris 1973).

Macksey, R., *Los lenguajes críticos y las ciencias del hombre*, Barral (Barcelona 1972).

Malinowski, B., *Una teoría científica de la cultura*, Edhasa (Barcelona 1970).

—, *Sexo y represión en la sociedad primitiva*, Nueva Visión (Buenos Aires 1974).

—, *Estudios de psicología primitiva*, Paidós (Barcelona 1982).

—, *Magia, ciencia y religión*, Ariel (Barcelona 1982).

Mann, T., *Sur le mariage. Lessing. Freud et la pensée moderne. Mon temps*, Aubier-Flammarion (Paris 1970).

—, *Schopenhauer, Nietzsche, Freud*, Bruguera (Barcelona 1984).

Marc-Lipiansky, M., *Le structuralisme de Lévi-Strauss*, Payot (Paris 1973).

Marcus, S., *Freud and the culture of psychoanalysis*, George Allen & Unwin (Boston 1984).

Marcuse, L., *Sigmund Freud. Sein Bild vom Menschen*, Rowohlts Deutsche Enzyklopadie (Hamburg 1956. [Traducción al español: *Sigmund Freud. Su visión del hombre*, Alianza (Madrid 1970)].

—, *Philosophie des Glucks. Von Hiob bis Freud*, Diogenes-Verlag (Zurich 1972).

Marcuse, H., *El final de la utopía*, Ariel (Barcelona 1968).

—, *Psicoanálisis y política*, Península (Barcelona 1972).

—, *El hombre unidimensional*, Seix Barral (Barcelona 1972).

—, *Eros y civilización*, Ariel (Barcelona 1981).

Masotta, O., *Ensayos lacanianos*, Anagrama (Barcelona 1976).

Mauss, M., *Sociología y Antropología*, Tecnos (Madrid 1971).

Mazlish, B., *The riddle of history. The great speculators from Vico to Freud*, Funk & Wallags (New York 1969).

Mead, M., *Educación y cultura*, Paidós (Buenos Aires 1972).

—, *Adolescencia, sexo y cultura en Samoa*, Laia (Barcelona 1981).

Mendel, G., *La rebelión contra el padre*, Península (Barcelona 1971).

—, *Sociopsicoanálisis*, 2 vols., Amorrortu (Buenos Aires 1974).

Mendoza, R., *El hombre según Freud*, Estudios (Buenos Aires 1937).

Menegazzo, C. M., *Magia, mito y psicodrama*, Paidós (Buenos Aires 1981).

Merquior, J. G., *La estética de Lévi-Strauss*, Destino (Barcelona 1978).

Messner, C., *Die Tauglichkeit des Endlichen. Zur Konvergenz von Freuds Psychoanalyse und Diltheys Hermaneutik*, Rohrig (St. Ingbert 1985).

Miller, J., y otros, *Freud*, Destino (Barcelona 1977).

Millet, L., y Varin, H., *El estructuralismo como método*, Cuadernos para el Diálogo (Madrid 1973).

Mora Mérida, J. A., *Freud. De la libido al eros. La coherencia del discurso freudiano*, U. de Málaga (Málaga 1979).

Moravia, S., *La ragione nascosta. Scienza e filosofia nel pensiero di Claude Lévi-Strauss*, Sansoni (Firenze 1972).

Moravia, S., y otros, *Lévi-Strauss e l'antropologia structturale*, Sansoni (Firenze 1978).

Moreno, F., *Hombre y sociedad en el pensamiento de Fromm*, FCE (Madrid 1981).

Moubachir, Ch., *Freud*, Edaf (Madrid 1975).

Mucchielli, R., *Introducción a la psicología estructural*, Anagrama (Barcelona 1969).

Mueller, F. L., *L'irrationalisme contemporaine. Schopenhauer, Nietzsche, Freud, Adler, Jung, Sartre...*, Payot (Paris 1970).

Montejo Carrasco, P., *Las fronteras de la locura. Antropología y factores culturales*, Quorum (Madrid 1987).

Nannini, S., *Il pensiero simbolico. Saggio su Lévi-Strauss*, Il Mulino (Bologna 1981).

Newmann, W., *Negative Totalitat. Erfahrungen an Hegel, Marx u. Freud*, Materialis-Verlag (Frankfurt 1983).

Nole, L., *Tempo e sacralita del mito. Saggio su Claude Lévi-Strauss*, Bulzoni (Roma 1981).

Nolte, H., *Psychoanalyse und Soziologie*, Huber (Wien 1970).

Nuttin, J., *El psicoanálisis y la concepción espiritualista del hombre*, EUDEBA (Buenos Aires 1972).

Ortiz-Osés, A., y Mayr, F. K., *El inconsciente colectivo vasco. Mitología cultural y arquetipos psicosociales*, Txertoa (San Sebastián 1982).

Osborn, R., *Marxismo y psicoanálisis*, Península (Barcelona 1969).

Pagel, G., *Narziss und Prometheus: d. Theorie d. Phantasie bei Freud u. Gehlen*, Konigshausen und Neumann (Wurzburg 1984).

Palmier, J. M., *Wilhelm Reich. Ensayo sobre el nacimiento del freudomarxismo*, Anagrama (Barcelona 1970).

Parain-Vial, J., *Analyses Structurales et idéologies structurales*, Edouard Privat (Toulouse 1969).

Paz, O., *Claude Lévi-Strauss o el nuevo festín de Esopo*, Joaquín Mortiz (México 1984).

Pesch, E., *O pensamento de Freud*, Moraes (Lisboa 1970).

Peters, R., *Il nouvo volto dell'autorita. Dopo Marx e Freud*, A. Armando (Roma 1977).

Pfrimmer, Th., *Freud, lecteur de la Bible*, Presses Universitaires de France (Paris 1982).

Piaget, J., *El Estructuralismo*, Proteo (Buenos Aires 1968).

Pinillos, J. L., *Más allá de Freud, U. I. Menéndez Pelayo* (Madrid 1976).

Pitt-Rivers, J., *Tres ensayos de antropología estructural*, Anagrama (Barcelona 1973).

Polaino-Lorente, A., *La metapsicología freudiana*, Dossat (Madrid 1981).

—, *Acotaciones a la Antropología de Freud*, Universidad de Piura (Perú 1984).

Pomedli, M. M., *Heidegger and Freud. The power of death*, U. Microfilms International (London 1981).

Pontalis, J. B., *Vigencia de Sigmund Freud*, Pléyade (Buenos Aires 1971).

Prado, C., *Estruturalismo de Lévi-Strauss e marxismo de Louis Althusser*, E. Brasiliense (São Paulo 1971).

Propp, V., *Morfología del cuento*, Fundamentos (Madrid 1971).

—, *Polémica Lévi-Strauss - V. Propp*, Fundamentos (Madrid 1972).

Puglisi, G., *El estructuralismo*, Doncel (Madrid 1972).

Rahner, K., y Overhage, P., *El problema de la hominización*, Cristiandad (Madrid 1973).

Rank, O., *El mito del nacimiento del héroe*, Paidós (Barcelona 1981).

—, *El trauma del nacimiento*, Paidós (Barcelona 1981).

Reich, W., *La psicología de masas del fascismo*, Roca (México 1973).

—, *La revolución sexual*, Planeta (Barcelona 1985).

Reich, W., y Caruso, P., *Psicoanálisis y sociedad*, Anagrama (Barcelona 1975).

Remotti, F., *Estructura e historia. La antropología de Lévi-Strauss*, A. Redondo (Barcelona 1972).

Rhys Wiliams, T., *Métodos de campo en el estudio de la cultura*, Taller de ed. J. B. (Madrid 1973).

Ricoeur, P., *Finitud y culpabilidad*, Taurus (Madrid 1969).

—, *Hermenéutica y psicoanálisis*, Megápolis (Buenos Aires 1975).

—, *Hermenéutica y estructuralismo*, Megápolis (Buenos Aires 1975).

—, *Freud: una interpretación de la cultura*, Siglo XXI (México 1975).

Richard, M., *La psychologie et ses domaines, de Freud a Lacan, practique e critique de la psychologie*, E. Chronique sociale de France (Lyon 1971).

Riesman, D., *Psicoanálisis y Ciencias Sociales*, Paidós (Buenos Aires 1973).

Rillaer, J. v., *Las ilusiones del psicoanálisis*, Ariel (Barcelona 1985).

Roazen, P., *Freud, su pensamiento político social*, Martínez Roca (Barcelona 1972).

—, *Freud y sus discípulos*, Alianza (Madrid 1974).

Robert, M., *De Edipo a Moisés*, Granica (Buenos Aires 1976).

—, *La revolución psicoanalítica*, FCE (México 1978).

—, *Acerca de Kafka. Acerca de Freud*, Anagrama (Barcelona 1980).

Robinson, P. A., *La izquierda freudiana: los aportes de Reich, Roheim y Marcuse*, Granica (Barcelona 1977).

Rof Carballo, J., *Biología y Psicoanálisis*, Desclée de Brouwer (Bilbao 1972).

—, 'El futuro del hombre', en VV.AA., *La evolución*, BAC (Madrid 1974).

—, *Fronteras vivas del Psicoanálisis*, Kadmos (Madrid 1975).

Rodríguez Molinero, J. L., *Datos fundamentales para una Historia de la Antropología Filosófica*, Kadmos (Salamanca 1977).

Roheim, G., *Psicoanálisis y Antropología*, Sudamericana (Buenos Aires 1973).

—, *Magia y esquizofrenia*, Paidós (Barcelona 1982).

Rosolato, G., *Ensayos sobre lo simbólico*, Anagrama (Barcelona 1974).

Rousseau, J. J., *Discurso sobre el origen de la desigualdad entre los hombres*, Aguilar (Buenos Aires 1966).

Roustang, F., *Dire mastery. Discipleship from Freud to Lacan*, The J. Hopkins U. Press (Baltimore 1982).

Roy, J., *Hobbes and Freud*, Canadian Philosophical Monographs (Toronto 1984).

Rozitchner, L., *Freud y los límites del individualismo burgués*, Siglo XXI (México 1979).

Rubio Carracedo, J., *¿Qué es el hombre?*, R. Aguilera (Madrid 1973).

—, *Lévi-Strauss. Estructuralismo y ciencias humanas*, Istmo (Madrid 1976).

Russo, L., *Nietzsche, Freud e il paradosso della rappresentazione*, I. de la Enciclopedia Italiana (Roma 1986).

Sabater Pi, J., *El chimpancé y los orígenes de la cultura*, Anthropos (Barcelona 1978).

Safouan, M., *El estructuralismo en psicoanálisis*, Losada (Buenos Aires 1975).

—, *El ser y el placer*, Petrel (Barcelona 1982).

Sahagún Lucas, J. de, y otros, *Antropologías del siglo XX*, Sígueme (Salamanca 1976).

Sartre, J. P., *Lo imaginario*, Losada (Buenos Aires 1976).

—, *Freud*, Alianza (Madrid 1985).

Saussure, F., *Curso de lingüística general*, Planeta (Barcelona 1984).

Scarduelli, P., *Introducción a la Antropología cultural*, Villalar (Madrid 1977).

—, *Lévi-Strauss y el tercer mundo*, Villalar (Madrid 1977).

Scheler, M., *El puesto del hombre en el cosmos*, Losada (Buenos Aires 1980).

Sechehaye, M. A., *La realización simbólica. Diario de una esquizofrenia*, FCE (México 1964).

Schmidt, A., *La negazione della storia. Strutturalismo e marxismo in Althusser e Lévi-Strauss*, Lampugnani (Milano 1972).

Sedat y otros, *¿Retorno a Lacan?*, Gedisa (Barcelona 1982).

Shalvey, Th., *Claude Lévi-Strauss. Social psychotherapy and the collective unconscious*, The U. of Massachussetts (Amherst 1979).

Simonis, Y., *Claude Lévi-Strauss o la «pasión del incesto»*, Cultura Popular (Barcelona 1969).

Smelser, M. A., y Erikson, E. H., *Trabajo y amor en la edad adulta*, Grijalbo (Barcelona 1983).

Sepctor, J. J., *Las ideas estéticas de Freud*, Tunerman (Buenos Aires 1976).

Sperber, D., *El estructuralismo en Antropología*, Losada (Buenos Aires 1975).

—, *El simbolismo en general*, Anthropos (Barcelona 1978).

Stannard, D. E., *Shrinking history. On Freud and the failure of psychohistory*, Oxford U. Press (London 1980).

Stevenson, L., *Siete teorías de la naturaleza humana*, Cátedra (Madrid 1988).

Sulloway, F. J., *Freud, biologist of the mind*, Burnett Books (New York 1979).

Sussman, H., *The Hegelian aftermath. Readings in Hegel, Kierkegaard, Freud, Prouts, and James*, The J. Hopkins University Press (Baltimore 1982).

Taberner, J., y Rojas, C., *Marcuse, Fromm, Reich; el freudomarxismo*, Cincel (Madrid 1985).

Tallaferro, *Curso básico de Psicoanálisis*, Paidós (Buenos Aires 1983).

Tedeschi, G., *Jung-Freud: un dilema inattuale*, Astrolabio (Roma 1979).

Trías, E., *Teoría de las ideologías y otros textos afines*, Península (Barcelona 1987).

Trimarchi, A. M., *Claude Lévi-Strauss. La possibilita di una struttura dialettica*, Peloritana (Messina 1979).

Turner, V., *La selva de los símbolos*, Siglo XXI (Madrid 1980).

Tylor, E. B., *Cultura primitiva, I-II*, Ayuso (Madrid 1977).

Unamuno, M., *Obras Completas*, Afrodisio Aguado (Madrid 1950).

Urbanitsch, O., *Wissenschaftstheoretische und philosophisch-anthropologische Aspekte der Freudschen Psychoanalyse*, Birkhauser Verlag (Stuttgart 1983).

Urtubey, L., *Freud y el diablo*, Akal (Madrid 1986).

Urueña, E. M., *La teoría de la sociedad de Freud. Represión y liberación*, Tecnos (Madrid 1977).

—, *La crítica kantiana de la sociedad y de la religión. Kant predecesor de Marx y Freud*, Tecnos (Madrid 1979).

Ucatescu, G., *Aporías del estructuralismo*, Inst. Estudios Políticos (Madrid 1971).

Vázquez, A., *Freud y Jung. Dos modelos antropológicos*, Sígueme (Salamanca 1981).

Vázquez, H., *El estructuralismo, el pensamiento salvaje y la muerte*, FCE (México 1982).

—, *Del incesto en Psicoanálisis y en Antropología*, FCE (México 1986).

Vellilamthadam, Th., *Tumorrow's society. Marcuse and Freud on civilization*, St. Th. Apost. Seminary (Kottayam 1978).

Verdiglione, *Deleuze y otros, Psicoanálisis y semiótica*, Gedisa (Barcelona 1980).

Villamarzo, P. F., *Psicoanálisis de la experiencia ético-religiosa*, Marova (Madrid 1979).

—, *Frustración pulsional y cultura en Freud*, Bibliotheca Salmanticensis (Salamanca 1982).

Vincens, A., *Lacan en el Psicoanálisis*, Ariel (Barcelona 1985).

Vicente, F., y Rodríguez Molinero, J. L., *Bernardino de Sahagún, primer antropólogo en Nueva España (s. XVI)*, U. de Salamanca (Salamanca 1986).

Viet, J., *Los métodos estructuralistas en Ciencias Sociales*, Amorrortu (Buenos Aires 1970).

Vinardell, S., *El concepto de hombre en la obra de Cl. Lévi-Strauss*, Varona (Salamanca 1977).

VV.AA., *Dialéctica y estructuralismo*, Orbelus (Buenos Aires 1969).

—, *Claves del estructuralismo*, Caldén (Buenos Aires 1969).

—, *Estructuralismo y epistemología*, Nueva Visión (Buenos Aires 1970).

VV.AA., *La teoría*, Anagrama (Barcelona 1971).
—, *Presencia de Rousseau*, Nueva Visión (Buenos Aires 1972).
—, *Estructualismo y marxismo*, Martínez Roca (Barcelona 1973).
—, *Sociología contra Psicoanálisis*, Martínez Roca (Barcelona 1974).
—, *La sexualidad perversa*, Granica (Buenos Aires 1976).
—, *Enciclopedia Internacional de Ciencias Sociales*, Aguilar (Madrid 1977).
—, *Qu'est-ce que l'homme? Philosophie/psychanalyse*, F. Universitaires S. Louis (Bruselles 1982).

Waibl, E., *Gesellschaft und Kultur bei Hobbes und Freud: d. gemeinsame Paradigma d. Sozialitat*, Locker (Wien 1980).
Wallace, E. R., *Freud and anthropology. A history and reappraisal*, I. Univers. Press (New York 1983).
Welsen, P., *Philosophie und Psychoanalyse. Zum Begriff der Hermeneutik in der Freud-Deutung Paul Ricœurs*, Max Niemeyer Verlag (Tubingen 1986).
Weyland, *La nueva imagen del hombre. A través de Nietzsche y Freud*, Paidós (Buenos Aires 1953).
White, L. A., *La ciencia de la cultura*, Círculo de L. (Barcelona 1988).
Whyte, L. L., *L'inconscient avant Freud*, Payot (Paris 1971).
Wilson, C., *Van Freud naar Maslow. Nieuwe wegen in de psychologie*, Lemniscaat (Rotterdam 1973).
Wolheim, R., y otros, *Philosophical essays on Freud*, Cambridge U. Press (Cambridge 1982).
Wyss, D., *Marx und Freud. Ihr Verhaltnis zur Modernen Anthropologie*, Vandenhoeck und Ruprecht (Gottingen 1969).

Yampey, N., *Psicoanálisis de la cultura*, Paidós (Buenos Aires 1981).

Zanuso, B., *La nascitadella psicoanalisi. Freud nella cultura della Vienna fine secolo*, Bompiani (Milano 1981).
Zapatero, M. P., y Castaño, C., *Kafka o en vínculo con el padre (el complejo de Cronos)*, Alhambra (Madrid 1985).

2. ARTÍCULOS

Acosta, M., 'Instancias no cognoscitivas y cognoscitivas en Freud', *Universitas Philosophica*, 3, 5, 1985, 73-92.
Adam, M., 'Racisme et catégories du genre humain', *L'Homme*, 24, 2, 1984, 77-96.
Adler-Vonesser, H., 'Angst in der Sicht von Kierkegaard, S. Freud und M. Heidegger', *Psyche H.*, 25, 1971, 692-715.
Araya, D., 'Ciencia y arte de Nietzsche a Lévi-Strauss', *Rev. Filos. Chile*, 27-28, 1986, 77-88.
Assoun, P. L., 'Wittgenstein séduit par Freud. Freud saisi par Wittgenstein', *Le Temps de la Réflexion*, 2, 1981, 355-383.
Axelos, K., 'L'optique culturelle de Freud', *Cahiers de l'ISEA*, 11-12, 1961, 49-72.
—, 'Marx, Freud et les taches de la pensée future', *Diogene*, 72, 1970, 109-121.

Badalamenti, A. F., 'Entropy in Freudian psychology', *Meth. Sc.*, 12, 1979, 1-16.
—, 'Object syntax in Freudian psychology', *Meth. Sc.*, 17, 1984, 77-94.

Badcock, C., 'The Ecumenical Anthropologist: Solutions to Soms Persistent Problems in Theoretical Sociology Found in the Works of Claude Lévi-Strauss', *The British Journal of Sociology*, 26, 2, 1975, 156-168.

Bailey, A., 'The Making of History: Dialectics of Temporality and Structure in Modern French Social Theory', *Critique of Anthropology*, 5, 1, 1985, 7-31.

Baldini, F., 'Il posto del padre e la posizione di Freud nel movimento psicanalitico', *Aut. Aut.*, 197-198, 1983, 171-192.

Bally, G., 'Ludwig Binswangers Weg zu Freud', *Revue Suisse de Psychologie pure et appliquée*, 25, 1966, 293-308.

Barnard, A., 'Universal Systems of Kin Categorization', *African Studies*, 37, 1, 1978, 69-81.

Barnhart, J., 'Freud's pleasure principle and the death urge', *The South-western Journal of Philosophy*, 3, 1, 1972, 113-120.

Basset, S., 'Freudian psychoanalysis: A rhetorical situation?', *Pretext*, 1, 1980, 115-122.

Baudrillard, J., 'Au-delà de l'inconscient: le symbolique', *Critique*, 31, 1975, 196-216.

Becker, A., 'Arthur Schopenhauer-Sigmund Freud. Historische und charakterologische Grundlagen ihrer gemeinsamen Denkstrukturen', *Schopenhauer-Jahrb.*, 52, 1971, 163-177.

Bell, J., & Sturmer, J. v., 'Claude Lévi-Strauss: Social Anthropology and History', *Australian Journal of Politics & History*, 16, 2, 1970, 218-226.

Benvenuto, S., '«La vera casa». Senso della metafora e critica della *Deutung* freudiana', *Aut. Aut.*, 187-88, 1982, 103-122.

Bergoffen, D., 'Freud's philosophy', *Philos. today*, 25, 1981, 157-165.

Bermejo-Marcos, A., 'Una civilizada memoria alrededor de lo salvaje', *El Urogallo*, 33-34, 1989, 70-71.

Bertherat, Y., 'Freud avec Lacan ou la science avec le psychanalyste', *Esprit*, 35, 12, 1967, 979-1003.

Bird, J., 'Jacques Lacan-the French Freud?', *Rad. Philos*, 30, 1982, 7-14.

Bonilla, L., 'La tejedora mágica', *La estafeta literaria*, 597, 1976, 8-11.

Boon, J., 'Lévi-Strauss and narrative', *Man*, 5, 4, 1970, 366-378.

Boon, J., y David, M., 'Kinship vis-a-vis Myth Contrasts in Lévi-Strauss Approaches to Cross-Cultural Comparison', *American Antropologist*, 76, 4, 1974, 799-817.

Borch-Jacobsen, M., 'Ceci n'est pas une these', *Exercises Pat.*, 5, 1983, 73-77.

Borrero, J., 'La risa: Nietzsche vs. Freus', *Logos. Revista de Humanidades*, 10, 1974, 23-33.

Bossert, P., 'Philosophy ot Man as Rigorous Science: A View of Claude Lévi-Strauss' Structural Anthropology', *Human Studies*, 5, 2, 1982, 97-107.

Bostoen, H., 'Het mensbeeld van Claude Lévi-Strauss', *Bijdragen*, 35, 1974, 82-99.

Bougas, T., 'Psychoanalyse und Philosophie. Freudsche Anthropologie und Ichproblematik', *Filosofía*, 10-11, 1980, 148-189.

Bress, Y., 'Oedipe ou Freud?', *Rev. philos. France Etrang.*, 98, 1973, 35-52.

Brann, H., 'Freud as philosopher', *American Imago*, 27, 2, 1970, 122-139.

Brown, R., 'Dialectic and Structure in Jean-Paul Sartre and Claude Lévi-Strauss', *Human Studies*, 2, 1, 1979, 1-19.

Buelens, J., 'Negation in Freud', *Log. Anal*, 15, 57-58, 1972, 319-331.

Buhler, A., 'La conciencia social del psicoanálisis', *Revista de la Universidad Católica*, 1, 1979, 7-23.

Bulcao, M., 'A questão do imaginário em Freud e Bachelard', *Reflexão*, 6, 21, 1981, 54-56.

Burridge, K., 'Claude Lévi-Strauss: Fieldwork, Explanation and Experience', *Theory and Society*, 2, 4, 1975, 563-586.

Butler, C., 'Hegel and Freud. A comparasion', *Philos. phenomenol. Res.*, 36, 1975, 506-522.

Calogeras, R., 'Lévi-Strauss and Freud. Their structural approaches to myths', *American Imago*, 30, 1, 1973, 57-80.

Cappelletti, V., 'Freud ultimo', *Boll. Stor. Filos.*, 3, 1975, 29-47.

Carchia, G., 'Pulsione, símbolo, forma', *Riv. Estet.*, 20, 5, 1980, 132-138.

Cardin, A., 'Lacan y Lévi-Strauss', *Cuadernos del Norte*, 3, 13, 1982, 40-43.

Cargnello, D., 'From psychoanalytic naturalism to phenomenological anthropology. From Freud to Binswanger', *The human context*, 1, 1, 1969, 71-92.

Carroll, M., 'Applyng Heiders's Theory of Cognitive Balance to Claude Lévi-Strauss', *Sociometry*, 36, 3, 1973, 285-301.

—, 'Freud and the myth of the origin', *New Literary History*, 6, 3, 1975, 513-528.

—, 'Putting Lévi-Strauss, Festinger, Heider and Noah into Same Boat, or, Some Social Psychological Contributions to the Structural Study of Mith', *Sociological Inquiry*, 47, 1, 1977, 13-23.

—, 'Lévi-Strauss on the Oedipus Myth: A Reconsideration', *American Anthropologist*, 80, 4, 1978, 805-814.

—, 'Lévi-Strauss on Art: A Reconsideration', *Anthropologica*, 21, 2, 1979, 177-188.

Casey, E., 'Freud's theory of reality. A critical account', *Rev. Met.*, 25, 1975, 659-690.

—, 'The image-sing relation in Husserl and Freud', *Rev. Met*, 30, 1977, 207-225.

Cerdeira, I., 'La estructura del pensamiento lévistraussiano', *Rev. A. E. N.*, 23, 7, 1987, 607-622.

Clarke, S., 'Lévi-Strauss Structural Analysis of Myth', *The Sociological Review*, 25, 4, 1977, 743-774.

Clegg, J., 'Freud and the «Homeric» mind', *Inquiry*, 17, 1974, 445-456.

Colette, J., 'Le moraliste et la pensée sauvage', *Rev. nouv.*, 52, 1970, 422-429.

Colomb, J., 'Freudian uses and misuses of Nietzsche', *Revue des Lettres Modernes*, 565, 1979, 65-94.

Contardi, R., 'Muse ioniche e siciliane. L'archeologia in Nietzsche e Freud', *Fenomenol. Soc.*, 6, 1983, 95-103.

Cordero, R., 'Mito y totemismo en Sigmund Freud y Claude Lévi-Strauss', *Revista de Filosofía de la Universidad de Costa Rica*, 11, 1973, 117-162.

Corvez, M., 'Le structuralisme ethnologique de Claude Lévi-Strauss', *Nouv. Rev. théol.*, 90, 1968, 388-410.

Crane, J., & Dasilva, F., 'Structuring the Structuralist Activity: A Critique of Selecd Features of the Structuralist Problematic', *Mid-American Review of Sociology*, 7, 2, 1982, 105-127.

Crick, M., 'Corset, Culture and Contingency: Reflections on Joan Lindsay's', *Makind*, 15, 3, 1985, 231-242.

Charrier, J., 'Lévi-Strauss, le structuralisme et les sciences humaines', *Rev. Ens. philos.*, 22, 1, 1973, 14-30.

D'Alessandro, P., 'Il mito di un'origene tra evento e interpretazione. Per una lettura filosofica di Freud', *Uomo Segno*, 5, 3, 1982, 5-58.

D'Amico, R., 'Desire and the Commodity Form', *Telos*, 35, 1978, 88-122.

Dayle, H., 'Freud and determinims', *Shout. J. Philos.*, 9, 1971, 179-188.

Dahmer, H., 'Wilhelm Reich, Freud and Marx', *Rev. exist. Psychol. Psychiatry*, 13, 1974, 236-266.

Daros, W., 'El problema de la libertad en la teoría psicoanalítica freudiana. Observaciones rosmminianas', *R. Rosmminiana di Filosofia e di Cultura*, 37, 1979, 249-272.

Decke, G., 'Die theoretische Basis Marcuses Geschichtsphilosophie und Gesellschaftstheorie. Freuds psychoanalytische Anthropologie als Marxismus-Ersatz', *Zeitschrift fur evangelische Ethik*, 12, 1968, 372-384.

De Filippis, M., 'Aleune pagine di Thomas Mann su Freud', *Cultura*, 9, 1971, 116-129.

Delfendahl, B., 'Critique de l'Anthropologie Savante: Claude Lévi-Strauss Homéliste et Scolastique', *L'Homme et la Societé*, 22, 1971, 211-235.

Delruelle, E., 'Le structuralisme de Lévi-Strauss et le rêve d'une mathématique de l'homme', *Sc. Sprit*, 39, 1987, 93-104.

Denton, D., 'Entre les conceptset l'experience: Bachelard et Freud', *Cah. int. Symb.*, 53-55, 1986, 125-139.

De Plaen, G., 'L'anthropologie religieuse chez Freud et Durkheim', *Cahiers Philosophiques Africains*, 2, 1972, 25-37.

De Vita, O., 'An Empirical Ethnosemantic Investigation in Support of Lévi-Strauss's Rationalism', *Semiotica*, 34, 3-4, 1981, 277-309.

Diamond, S., 'Sigmund Freud, his jewishness, and scientific method. The seen and the unseen as evidence', *J. His. Ideas*, 43, 1982, 613-654.

Díaz Murugarren, J., 'La religión como «neurosis obsesiva»', *Estudios Filos.*, 26, 1977, 463-510.

—, 'La ética «instintiva» de Freud', *Estudios Filos.*, 29, 1980, 427-454.

Di Mauro, B., 'Irreversibilita e storicita: Gramsci nella crisi della coscienza moderna (Croce, Freud, Weber)', *Centauro*, 10, 1984, 127-160.

Dimitrov, C., 'A. Schopenhauer und Freud', *Zeitschrift fur Psychosomatische Medizin und Psychoanalyse*, 17, 1971, 68-83.

Domenach, J., 'Le requiem structuraliste', *Esprit*, 41, 3, 1973, 692-703.

Donzelli, M., 'Umanesimo della *persona* e umanesimo di *classe* in Freud e Marx', *Nouva Rivista Storica*, 57, 3-4, 1973, 338, 404.

Downing, C., 'Sigmund Freud and the Greek mythological tradition', *Journal of American Academy of Religion*, 43, 1, 1975, 3-14.

Dupeu, J., 'Freud et la dégénérescence. Un tournant', *Diogene*, 97, 1977, 54-75.

Dupre, M., 'Sous l'échange, l'inceste (Breve relecture des *Structures élémentaires de la parenté*)', *L'Homme*, 21, 3, 1981, 27-37.

Eagle, M., 'Privileged access and the status of self-knowledge in Cartesian and Freudian conceptions of the metal', *Philos. Soc. Sc.*, 12, 1982, 349-373.

Eng, E., 'Locke's tabula rasa and Freud's «mystic writing pad»', *J. Hist. Ideas*, 41, 1980, 133-140.

—, 'Darwin's phenomenological embarassment and Freud's solution', *Anal. Husserl.*, 15, 1983, 231-239.

Eynard, R., 'Piaget, Freud e lo strutturalismo. Contributo ad un raffronto di tesi', *I Problemi della Pedagogia*, 18, 5-6, 1972, 721-733.

Fachinelli, E., 'L'ipotesi della distruzione in Sigmund Freud', *Nouva Corrente*, 61-62, 1973, 172-208.

Falk, P., & Sulkunen, P., 'Drinking on the Screen. An Analysis of a Mythical Male Fantasy in Finnish Films', *Social Science Information*, 22, 3, 1983, 387-410.

187

Fancher, R., 'Brentanos's *Psychology from an empirical standpoint* and Freud's early metapsychology', *Journal of the History of the Behavioral Sciences*, 13, 3, 1977, 207-227.

Faucci, D., 'Vico, Rousseau, Lévi-Strauss', *Boll. C. St. Vichiani*, 3, 1973, 200-202.

Faure, J., 'Freud, a-t-il ouvert la science l'homme', *Europe*, 52, 539, 1974, 203-207.

Ferenczi, S., 'La representación simbólica de los principios del placer y de la realidad en el mito de Edipo', *Revista de Psicoanálisis*, 5, 1948, 1019-1935.

Fiedler, C., 'Lévi-Strauss: Structural Analysis of Mith-Examination and Comment', *Human Mosaic*, 9, 2, 1976, 39-52.

Fisher, H., 'The logical structure of Freud's idea of the unconscious. Toward a psychology of ideas', *J. Brit. Soc. Phenomenol.*, 16, 1985, 20-35.

Fischer, K. R., 'Nietzsche, Freud und die humanistische Psychologie', *Nietzsche-Stud.*, 10-11, 1982, 482-499.

Foti, V. M., 'Presence and memory. Derrida, Freud, Plato, Descartes', *Grad. Fac. Philos. J.*, 11, 1, 1986, 67-81.

Friedman, J., 'Marxism, Structuralism and Vulgar Materialism', *Man*, 9, 3, 1974, 444-469.

—, 'The nature of the dialogue. Freud and Socrates', *Human Stud.*, 2, 1979, 229-246.

Gajano, A., 'Psicoanalisi e fenomenologia nell saggio su Freud di P. Ricœur', *G. crit. Filos. ital*, 49, 1970, 406-432.

García Cabrero, M., 'La concepción religiosa de Freud', *Naturaleza y gracia*, 18, 1971, 251-303.

—, 'El psicoanálisis como liberación de la ilusión religiosa', *Naturaleza y gracia*, 1, 1976, 45-62.

García Castillo, P., 'Prometeo: la educación insuficiente', *Campo Abierto*, 5, 1988, 167-182.

Gambazzi, P., 'Corpo, belleza, verita. Indizi precategoriali in Hegel e Freud', *Aut. Aut.*, 165-66, 1978, 25-48.

Gardner, H., 'Piaget and Lévi-Strauss: the quest for mind', *Soc. Res.*, 37, 3, 1970, 348-365.

Garon, J., 'Meutre di pere', *Dialogue*, 11, 1972, 109-114.

Goddard, D., 'Lévi-Strauss and the anthropologists', *Soc. Res.*, 37, 3, 1970, 366-378.

Gombrich, E., 'L'estetique de Freud', *Preuves*, 217, 1969, 21-35.

Geras, N., 'Lévi-Strauss and philosophy', *J. Brit. Soc. Phenomenol.*, 1, 1970, 50-60.

Gómez, P., 'La estructura mitológica en Lévi-Strauss', *Teorema*, 6, 1976, 119-146.

—, 'Lévi-Strauss frente a las escuelas antropológicas', *Teorema*, 8, 1978, 29-56.

—, 'Lévi-Strauss: ¿un nuevo humanismo?', *Pensamiento*, 40, 1984, 77-90.

Grosso, S., 'A proposito di simbolo: tra Freud e Jung', *Studi filos. ped.*, 2, 1978, 61-80

Grunbaum, A., 'Is psychoanalysis a pseudo-science? Karl Popper versus Sigmund Freud', *Z. philos. Forsch*, 31, 1977, 333-353.

Gupta, R., 'Freud and Schopenhauer', *J. Hist. Ideas*, 36, 1975, 721-728.

Gutwirth, R., 'L'inspiration freudienne de l'anthropologie sartrienne', *Cah. int. Symb.*, 45-47, 1983, 59-69.

Hamilton, M., 'Jaspers and Freud', *Manchester Literary and Philosophical Society*, 117, 1975, 26-26.

Hardy, G., 'Language, myth, and man in Lévi-Strauss' social anthropology. A critique', *New Scholast.*, 55, 1981, 403-420.

Hartmann, K., 'Lévi-Strauss and Sartre', *J. Brit. Soc. Phenomenol.*, 2, 3, 1971, 37-44.

Haskell, R., 'Thought-Things: Lévi-Strauss and The Modern Mind', *Semiotica*, 55, 1-2, 1985, 1-17.

Hays, W., 'Lévi-Strauss: Theorist and Philosopher', *Review of Social Theory*, 1, 2, 1973, 95-122.

Heaton, J., 'Freud and Heidegger on the interpretation of slips of the tongue', *J. Brit. Soc. Phenomenol*, 13, 1982, 129-142.

Heinrichs, H., 'Die Besinnung auf das Allgemeine. Zu dem Werki von Claude Lévi-Strauss', *Psyche H.*, 30, 1976, 170-199.

Heinz, R., 'Das «ilde Denken». Heidegger im Denk-Wildheitsvergleich mit Lévi-Strauss, der herkommlichen Psychoanalyse und auch der Anti-Pschiatrie', *Philos. Jahrb.*, 92, 1985, 136-142.

Herrera, R. A., 'Freud on Nietzsche. A fantastic commentary?', *Philos. today*, 29, 1985, 339-344.

Herrero, J., 'Ortega, Freud y Piaget a la búsqueda del ser humano', *Arbor*, 84, 1973, 183-210.

—, 'Freud y Ortega frente al conflicto de las generaciones', *Arbor*, 94, 1976, 159-188.

Hernández, C. de, 'Origen y significado de las estructuras en Lévi-Strauss', *Revista de Filosofía de la Universidad de Costa Rica*, 11, 1973, 53-82.

Hessing, S., 'Freud et Spinoza', *Rev. philos. France Etrang*, 102, 1977, 147-153.

Hiatt, L., 'Totemis tomorrow: The future an Illusion', *Mankind*, 7, 2, 1969, 83-93.

Horkheimer, M., 'Erns Simmel und die Freudsche Philosophie', *Psyche H.*, 32, 1978, 483-491.

Hougaard, E., 'Some reflection on the relationship between Freudian psycho-analysis and Husserlian phenomenology', *J. phenomenol. Psychol.*, 9, 1978, 1-83.

Howells, Ch., 'Sartre and Freud', *French Stud.*, 33, 1979, 157-176.

Huckle, J., 'Without man: Some aspects of the structuralism of Claude Lévi-Strauss', *Thought*, 56, 1981, 387-401.

Hyppolite, J., 'Commento parlato sulla «Verneinung» di Freud', *Nouva Corrente*, 62, 1973, 128-138.

Ipola, E. de, 'Ethnologie et histoire dans l'épistemologie structuraliste', *Cah. int. Sociol.*, 48, 1970, 37-56.

Iturrate, M., 'Man's freedom. Freud's therapeutic goal', *Rev. exist. Psychol. Psychiatry*, 15, 1, 1977, 32-45.

Izumil, Y., 'Preliminary Report on Lévi-Strauss's Consciousness about «Social Structure»', *Japanese Sociological Review*, 22, 4, 1972, 37-59.

Jakobson, P., 'The return of Alcibiades. An approach to meaning of human sexuality through the works of Freud and Merleau-Ponty', *Philos. today*, 22, 1978, 89-98.

Jalley, H., 'La notion de structure mentale dans les travaux de Claude Lévi-Strauss', *Pensée*, 135, 1967, 53-62.

Janos, K., 'Strutturalismo, Marxismo e Sociologia della Letteratura', *Revue Internationale de Sociologie*, 7, 2, 1971, 204-210.

Jensen, A., 'A Structural Approach to the Tsimshian Raven Myths: Lévi-Strauss on the Beachs', *Anthropologica*, 22, 2, 1980, 159-186.

Jupp, V., 'Freud and pseudo-science', *Philosophie*, 52, 1977, 441-453.

Karnoouh, C., 'L'Observation ethnographique ou les vertus du paradoxe', *Communication and Cognition*, 14, 1, 1981, 39-55.

Kelemen, P., 'Towards a Marxist Critique of Structuralist Anthropology', *The Sociological Review*, 24, 4, 1976, 859-875.

Kerényi, K., 'Zu S. Freud «Totem und tabu»', *Bijdragen*, 40, 1979, 234, 244.

Kessing, R., 'Transformational linguistics (Noam Chomsky) and structural anthropology', *Cult. Herm.*, 2, 1974, 243-266.

Kleiman, L., 'Pashman on Freud and the genetic fallacy', *Shout. J. Philos.*, 8, 1970, 63-65.

Knapp, G., 'Darwin-Marx-Freud. Ein philosophisch-anthropologischer Vergleich', *Sim. Zt.*, 192, 1974, 463-473.

Knee, P., 'La psychanalyse sans l'inconscient? Remarques autour du *Scénario Freud* de Sartre', *Laval théol. philos.*, 41, 1985, 225-238.

Kobben, A., Verrips, J., & Brunt, L., 'Lévi-Strauss and Empirical Inquiry', *Ethnology*, 13, 3, 1974, 214-223.

Kofman, S., 'Freud et Empédocle', *Critique*, 25, 1969, 525-550.

Kott, J., 'The sexual triangle', *Partisan Review*, 44, 4, 1977, 584-590.

Kovacevic, I., 'Strukturalna analiza mita', *Socioloski Pregled*, 8, 2-3, 301-312.

Krell, D. F., 'Memory as malady and therapy in Freud and Hegel', *J. phenomenol. Psychol.*, 12, 1981, 33-50.

Kroeber, A. L., 'Totem and taboo in Retrospect', *American Journal of Sociology*, 556, 1939, 446-451.

Kronberger, F., 'Notes sur *Eros et civilisation* de Herbert Marcuse', *Bulletin de Psychologie*, 22, 1968, 3-4, 137-139.

Kunz, H., 'Die latente Anthropologie der Psychoanalise', *Rev. Suisse de Psychologie Pure et Apliquée*, 15, 1956, 84-102.

Kurzweil, E., 'The Mythology of Structuralism', *Partisan Review*, 42, 3, 1975, 416-430.

Lacan, J., 'Risposta al commento di Jean Hyppolite sulla «Verneinung» di Freud', *Nouva Corrente*, 61-62, 1973, 139-158.

Lambertino, A., 'L'uomo Freud. Personalita morale e religiosa', *Filosofía*, 36, 1985, 51-78.

—, 'Fonti e aspetti della problematica filosofica di Freud', *Riv. Filos. neoscol.*, 77, 1985, 81-117.

Lang, H., 'Freud. Ein Strukturalist?', *Psyche H.*, 34, 1980, 865-884.

Lapointe, F., 'Claude Lévi-Strauss. A bibliographic essay', *Man World*, 6, 4, 1973, 445-469.

Lariviere, M., 'On Benveniste and the Freudian discovery', *Semiotica*, Suppl., 157-168.

Larsen, S., 'La structure productrice du mot d'esprit et de la semiosis. Essai sur Freud et Peirce', *Degres. Revue de Synthése a Orientation Sémiologique*, 8, 1980, 1-18.

Leach, E., 'Vico e Lévi-Strauss sull'Origine dell'Umanita', *Rassegna Italiana di Sociologia*, 13, 2, 1972, 221-233.

—, 'The Atom of Kinship, Filiation and Descent: Error in Translation or Confusion of Ideas?', *L'Homme*, 17, 2-3, 1977, 127-129.

Leacock, E., 'The chaning Family and Lévi-Strauss, or Whatever Happened to Fathers?', *Social Research*, 44, 2, 1977, 235-259.

Lee, K., 'Lévi-Strauss and Freud. Victims of their myths', *J. Brit. Soc. Phenomenol.*, 1, 1970, 57-67.

Lefranc, J, 'Freud livré aux philosophes', *Rev. Ens. philos.*, 27, 4, 1977, 1-16.

Lepenies, W., 'Der Franzoesische Strukturalismus-Methode und Ideologie', *Soziale Welt*, 19, 3-4, 1968, 301-327.

Lepenies, W., y Nolte, H., 'Experimentelle Anthropologie und emananzipatorische Praxis', *Arch. Rechts-Sozial-philos.*, 56, 1970, 61-116.

Levin, D., 'On Lévi-Strauss and existentialism', *American Scholar*, 38, 1, 1969, 69-82.

Liszka, J., 'Peirce and Lévi-Strauss. The metaphisics of semiotic and the semiosis of metaphysics', *Ideal. Stud.*, 12, 1982, 103-134.

Lorenzo, A., 'La vuelta a A. Comte de Claude Lévi-Strauss', *Arbor*, 102, 1979, 219-232.

Lorusso, G., 'La Condizione della dona tra natura e cultura', *Revue Internationale de Sociologie*, 13, 1-2, 1977, 82-97.

Lowry, J., 'Theorising «Observation»', *Communication and Cognition*, 14, 1, 1981, 7-23.

Maggi, R., 'Le concept de Weltanschauung et la critique freudienne de la Weltanschauung marxiste', *Cahiers de L'ISEA*, 8, 1960, 55-83.

Magnani, G., 'La crisi della metapsicologia freudiana', I, *Gregorianum*, 61, 1980, 97-135.

Malengrau, P., 'De la pensée d'Empédocle a la mythologie freudienne', *Revue de Psychologie et des Sciences de l'Education*, 6, 3, 1971, 330-352.

Mandelbaum, D., 'Myths and Myth Maker: Some Anthropological Appraisals of Mythological Studies of Lévi-Strauss', *Ethnology*, 26, 1, 1987, 31-36.

Marchant, P., 'Sócrates o Sade. Una apuesta filosófica', *Diálogos*, 8, 22, 1972, 107-137.

Mariani, S., 'Struttura e storia nel pensiero di C. Lévi-Strauss. Studi e interpretazioni', *Bollettino bibliografico per le scienze morali e sociali*, 33-36, 1976, 183-224.

Marin, J., 'Vigencia y revisión de Freud', *Arbor*, 80, 1971, 77-87.

—, 'La intersección Marx-Freud vista por Herbert Marcuse y Norman Brown', *Arbor*, 93, 1976, 415-432.

Maristany, J., 'La fantasía en Sartre, Freud y Bergson', *Convivium*, 36, 1971, 45-82.

Martens, F., 'A propos de l'oncle maternel ou modeste proposition pour repenser le mariage des cusins croisés', *L'Homee*, 15, 3-4, 1975, 155-175.

Mathien, T., 'What Does Lévi-Strauss Mean by «Model»', *Journal for the Theory of Social Behaviour*, 12, 2, 1982, 161-176.

Martin, M., 'Methodological individualism and the reduction of cultural anthropology to psichology', *Scientia*, 104, 1969, 489-501.

Mazzeo, A., 'O estruturalismo e a opaçao ternocrática', *Reflexão*, 1, 3, 1975-76, 79-87.

McGuinness, B., 'Freud e Wittgenstein', *Ann. Scuola norm. sup. Pisa*, 9, 1979, 409, 424.

McIntosh, D., 'Habermas on Freud', *Soc. Res.*, 44, 1977, 562-598.

McKeon, M., 'The «Marxism» of Claude Lévi-Strauss', *Dialectical anthropology*, 6, 2, 1981, 123-150.

McLaren, C., 'Moment of Death: Gift of Life —A Reinterpretation of the Northwest Coast Image «Hawk»', *Anthropologica*, 20, 1-2, 1978, 65-90.

McNelly, C., 'Natives, Women and Claude Lévi-Strauss: A Reading of *Tristes tropiques* as Myth', *The Massachussetts Review*, 16, 1, 1975, 7-29.

Mendoza, J., 'Sobre instintos y libertad en Freud y Unamuno', *Cuadernos de la Cátedra Miguel de Unamuno*, 25-26, 1978, 23-54.

Mercier-Josa, S., 'Dialectique hégélienne et psychanalyse freudienne', *Pensée*, 1976, 185, 26-36.

Mestre, M. V., y otros, 'La primera educación de Freud en España a través de los filósofos (1910-1930)', *Cuad. salm. Filos.*, 13, 1986, 233-256.

Moreux, C., 'Ideal-type et structure: un dialogue entre Weber et Lévi-Strauss', *Recherches Sociologiques*, 6, 1, 1975, 3-49.

Nagele, R., 'Freud, Habermas and the dialectic of Enlightenment. On real and ideal discourses', *New German Critique. An interdisciplinary Journal of German Studies*, 22, 1981, 41-62.

Nannini, S., 'Scienza e storia nella formazione di Lévi-Strauss', *Riv. Filos,* 67, 1976, 289-313.

Narbona, M., 'Lévi-Strauss y las relaciones interhumanas', *Est. Met.,* 3, 1972-73, 125-132.

Neu, J., 'Lévi-Strauss on Shamanism', *Man,* 10, 2, 1975, 285-292.

Nichols, C., 'On the several sources of Freud's conservatism. Some comments on the work of Horowitz and Marcuse', *Humand Stud.,* 5, 1982, 69-76.

Normand, C., 'Métaphore et concept. Saussere/Freud sur quelques problemes du discours theorique', *Dialectiques,* 8, 1975, 85-109.

Nuño, A. de, 'Posibilidad de una civilización no represiva a partir del esquema freudiano', *Episteme,* 12, 1-2, 1982, 227-242.

Nutini, H., 'The ideological bases of Lévi-Strauss's structuralism', *American Anthropologist,* 73, 3, 1971, 537-544.

O'Hagan, T., 'Rousseau. Conservative or revolutionary. A critique of Lévi-Strauss', *Critique of Anthropology,* 3, 11, 1977, 19-38.

Olabuenaga, A., 'G. Deleuze: por una filosofía de la disolución', *Revista de Occidente,* 56, 1986, 27-34.

Olkowski, D. E., 'Merleau Ponty's Freudianism. From the body of consciousness to the body of flesh', *Rev. exist. Psychol. Psichiatry,* 18, 1982-83, 97-116.

Olszewska, B., 'Rzeczywistosc kulturowa a orientacje teoretyczne antropologii', *Studia Socjologiczne,* 2, 57, 1975, 111-146.

Oroz, J., 'La postura filosófica de Marcuse entre Freud y Marx', *Crisis,* 18, 1971, 53-61.

Ortiz-Osés, A., 'Antropología hermenéutica', *Anthropos,* 57, 1986.

Palauch, A., 'O pojeciu struktury w naukach spolecznych: propozycja Claude Lévi-Strauss', *Studia Socjologizne,* 50, 3, 1973, 5-30.

Panoff, M., 'Lévi-Strauss tel qu'en lui meme', *Esprit,* 41, 3, 1973, 704-710.

Pierce, D. C., 'Lévi-Strauss, The problematic self and myth', *Int. philos. Quart.,* 19, 1979, 381-406.

Pintor, A., 'P. Ricoeur y el estructuralismo', *Pensamiento,* 31, 1975, 95-123.

Poggiali, A., 'Il Freud di Habermas. L'ermeneutica psicoanalitica come temenos emancipativo', *Studi Urb.,* 55, 4, 1981-1982, 127-160.

Pons, A., 'Hobbes, Vico, Freud et le malasie dans la civilisation', *Spirales. Journal International de Culture,* 22-23, 1983, 59-62.

Poster, M., 'Freud's concept of the family', *Telos. A Quarterly Journal of Radical Thought,* 30, 1976-1977, 93-115.

Prado, B., 'Hume, Freud, Skinner. Em torno de um parágrafo de G. Deleuze', *Discurso,* 12, 1981, 7-27.

Prasse, J., 'Freud, Lacan e una questione di realismo', *Aut. Aut.,* 177-178, 1980, 205-222.

Prandi, M., 'Lévi-Strauss e i miti: tra formelogiche e penuria di significato', *Mat. filos.,* 6, 3, 1980, 219-227.

Prechel, H., 'Exchange in Lévi-Strauss's Theory of Social Organizacion', *Mid-American Review of Sociology,* 5, 1, 1980, 55-56.

Rauhala, L., 'The hermeneutic metascience of psychoanalysis', *Man World,* 5, 1972, 273-297.

Raulet, G., 'Le freudisme. Une métaphysique de l'économie politique', *Pensée,* 230, 1982, 54-68.

Rayfield, J., 'The dualism of Lévi-Strauss', *International Journal of Comparative Sociology*, 12, 4, 1971, 267-279.

Régis, L., 'Pour une mythologique', *Dialogue*, 7, 1968-1969, 616-626.

Renzetti, E., 'La prospecttiva mitologica nel pensiero di Claude Lévi-Strauss', *Sociologica*, 13, 2-3, 1979, 99-106.

Ringle, W., 'Saussure and the Formulation of Continental Structuralism. A Critical Commentary', *Human Mossaic*, 15, 2, 1981, 33-56.

Ritvo, L. B., 'Darwin as the source of Freud's neo-Lamarckianism', *Journal of the American Psychoanalytic Association*, 13, 1965, 499-517.

Robert, J., 'Lévi-Strauss et la «résorption éventuelle» des sciences humaines dans les sciences de la nature', *Cah. int. Symb.*, 40-41, 1980, 125-130.

Rocha, A., 'O estruturalismode Lévi-Strauss: significação de «estrutural inconciente»', *Rev. portug. Filos.*, 32, 1976, 171-206.

Rodríguez, T., 'La teoría del olvido en san Agustín y Freud', *Estudio agustiniano*, 8, 1, 1973, 53-65.

Rosenberg, A., 'The Temperamental Affinities of Rousseau and Lévi-Strauss', *Queens's Quarterly*, 82, 4, 1975, 543-555.

Rossi, I., 'The unconscious in the Anthropology of Claude Lévi-Strauss', *American Anthropologist*, 75, 1, 1973, 20-48.

Rotenstreich, N., 'On Lévi-Strauss concept of structure', *Rev. Meta.*, 25, 1971-72, 489-526.

Rotstein, A., 'The World Upside Down', *Canadian Journal of Political and Social Theory*, 2, 2, 1978, 5-30.

Roustang, F., 'Comment devenir un inspirè raisonnable', *Philosophie*, 3, 1984, 47-66.

Rubio Carracedo, J., '¿Estructura o dialéctica? Nota sobre el debate entre Lévi-Strauss y Sartre', *Estudio agustiniano*, 4, 1969, 547-555.

—, 'La evolución del estructuralismo de Lévi-Strauss', *Pensamiento*, 27, 1971, 131-160.

—, 'El último Lévi-Strauss (su testamento intelectual)', *Arbor*, 86, 1973, 319-333.

Runciman, W., 'What is Structuralism?', *British Journal of Sociology*, 20, 3, 1969, 253-265.

Ryklin, M., 'Rousseau, Rousseauism and the Fundamental Concepts of Structural Anthropology', *International Social Science Journal*, 30, 3, 1978, 605-617.

Sachs, D., 'On Freud's doctrine of emotions', *Soc. Res.*, 40, 1973, 229-247.

Salazar, R., 'El hombre total (J. P. Sartre, Cl. Lévi-Strauss)', *Libro Anual*, 2, 1973-1974, 181-191.

Sánchez, D., 'El «nuevo humanismo» de Claude Lévi-Strauss. Para una valoración del estructuralismo en su perspectiva y en sus consecuencias', *Anuario Jurídico*, 12, 1980, 305-317.

Sassen, H., 'Adler's and Freud's concepts of man: a phenomenological comparaison', *Journal of individual psychology*, 23, 1, 1967, 3-10.

Sato, Y., 'Kokan riron keitai to ronri: aruga kizaemom to Lebi Suturoso riron o hikaku shite', *Shakaigaku Hyoron/Japanese Sociological Review*, 34, 4, 1984, 37-51.

Savary, C., 'La révolution copernicienne: Freud et le géocentrisme médiéval', *Dialogue*, 8, 1969-1970, 417-432.

Schatzman, M., 'Freud, l'ideologia e la famiglia', *Aut. Aut.*, 133, 1973, 101-118.

Schneider, M., 'Le fini, l'autre et le savoir chez Spinoza et chez Freud', *Cahiers Spinoza*, 1, 1977, 267-319.

Schneider, P., 'Ryle und Freud. Ein Beitrag zum Verhaltnis von Philosophie und Psychoanalyse am Beispiel des Problems der Selbst- und Fremderfahrung', *Conceptus*, 16, 37, 1982, 44-59.

Scholte, B., 'Lévi-Strauss' Penelopean effort. The analysis of myths', *Semiotica*, 1, 1969, 99-124.

Schwimmer, E., 'Lévi-Strauss and Maori Social Structure', *Anthropologica*, 20, 1-2, 1978, 201-222.

Shalvey, T., 'Lévi-Strauss and mythology', *Proc. Amer. cathol. philos. Assoc.*, 45, 1971, 114-119.

Schirley, E., 'Freud and recuctive hermeneutics', *Southwestern J. Philos.*, 8, 2, 1977, 65-72.

Silverstone, R., 'Erns Cassirer and Claude Lévi-Strauss. Two Approaches to the Study of Myth', *Archives de Sciences Sociales des Réligions*, 21, 41, 1976, 25-37.

Simon, G., 'L'interprétation chez Marx et Freud', *Pensée*, 213-214, 1980, 97-112.

Simonis, Y., 'Notes de Recherche: Le Mythe Comme Objet Tehcnique', *Anthropologica*, 20, 1-2, 1978, 29-38.

Singer, M., 'A Neglected Source of Structuralism: Radcliffe-Brown, Russell and Whitehead', *Semiotica*, 48, 1-2, 1984, 11-96.

Singerman, O., 'Lévi-Strauss and savage thinking', *Iyyung*, 21, 1970, 183-218.

Slochower, H., 'Philosophical principlesin Freudian psychoanalytic theory. Ontology and the quest for *matrem*', *American Imago*, 32, 1, 1975, 1-39.

—, 'Marx and Freud. A Socratic-Aristotelian Symposium on the Platonic theme of desire', *American Imago*, 39, 4, 1982, 285-342.

Sondag, Y., 'Nietzsche, Schopenhauer, l'ascétisme et la psychanalyse', *Rev. philos. France Etrang.*, 96, 1971, 347-359.

Sonnemann, U., 'Hegel und Freud. Die Kritik der «Phanomenologie» am Begriff der psychologischen Notwenddigkeit und ihre anthropologischen Konsequenzen', *Psyche H.*, 24, 1970, 208-218.

Soper, K., 'Note on the scientificity of Freud's interpretation of dreams', *Rad. Philos.*, 20, 1978, 27-33.

Soveral, E., 'A influencia de Freud na mitologia sexual contemporanea', *Revista da Universidade Católica de Petrópolis*, 3, 1976, 107-116.

Speidel, H., 'Freuds Symbolbegriff', *Psyche H.*, 31, 1977, 689-711.

Stack, G., 'Repetition in Kierkegaard and Freud', *Personalist*, 58, 1977, 249-260.

Staude, J., 'From Depth Psychology to Dept Sociology: Freud, Jung, and Lévi-Strauss', *Theory and Society*, 3, 1976, 303-338.

Steinmetz, R., 'Le matérialisme biologique de Lévi-Strauss', *Revue philosophique de la France et de l'Etranger*, 109, 4, 1984, 427-441.

Stinchcombe, A., 'A Structural Anthropology', *The American Sociologist*, 10, 2, 1975, 57-64.

Strenski, I., 'Falsifying Deep Structures', *Man*, 9, 4, 1974, 571-584.

—, 'Reductionism and Structural Anthropology', *Inquiry*, 19, 1, 1976, 73-89.

—, 'Grammatical and reductionist explanations of myth in Lévi-Strauss', *Philos. today*, 21, 1977, 74-83.

—, 'Lévi-Strauss and the Buddhists', *Comparative Studies in Society and History*, 22, 1, 1980, 3-22.

Sturm, E., 'Sartre et Freud. Repérages', *Obliques*, 18-19, 1979, 211-214.

Tabouret-Keller, A., '«La conscience détronée», de Freud a Lacan', *Pensée*, 229, 1982, 27-37.

Tjon, S., 'More Complex Formulae of Generalized Exchange', Current Anthropology, 22, 4, 1981, 377-390.

Topolski, J., 'Lévi-Strauss and Marx on History', History & Theory, 12, 2, 1973, 192-207.

Tourney, G., 'Freud and the Greeks: a study of the influence of classical mythology and philosophy upon de development of Freudian though', Journal of the History of behavioral Sciences, 1, 1965, 67-75.

—, 'Eros, Plato and Freud', Journal of the History of behavioral Sciences, 2, 1966, 256-272.

Trotignon, P., 'Le jeu de l'illusion. Réflexions sur Nietzsche et Freud', Rev. Méta. Morale, 81 1976, 171-196.

Turner, D., 'Ideology and Elementary Structures', Anthropologica, 20, 1-2, 1978, 223-247.

Turner, S. P., 'Complex Organizations as Savage Tribes', Journal for the Theory of Social Behaviour, 7, 1, 1977, 99-125.

Turner, S., 'Structuralist and Participant's View Sociologiques', The American Sociologist, 9, 3, 1974, 143-146.

Ueno, Ch., 'The Epistemological Model of the Structuralism in Claude Lévi-Strauss', Japanese Sociological Review, 26, 2, 102, 1975, 2-17.

Valabrega, J., 'Comment survivre a Freud', Critique, 22, 1966, 68-78.

Valadier, P., 'Marx, Nietzsche, Freud et la Bible', Nouv. Rev. théol., 98, 1976, 748-798.

Van Reeth, C., 'O Banquete au a ilusão amorosa. Leitura de Freud a luz do Banquete', Kriterion, 20, 70, 1973, 107-123.

Van der Schott, A., '«Bewusstseinsvergessenheit» in het marxisme en bij Freud', Lier en Boog, 4, 3, 1981, 295-305.

Van Wayenberg, W., 'Some Remarks on the Lévi-Straussian Analysis of Myth', Communication and Cognition, 14, 1, 1981, 25-38.

Ver Eecke, W., 'Hegel y Freud. Una apropiación filosófica de los complejos de Edipo y castración', Teoría, 3, 1975, 83-95.

—, 'Negation and desire in Freud and Hegel', The Owl of Minerva, 15, 1, 1983, 11-22.

Vergote, A., 'Implicaties van de Freudiaanse psychoanalyse voor de wijsgerige antropologie', Alg. Nederl. Tijdschr. Wijsb., 79, 1987, 296-308.

Verstraeten, P., 'Universalité naturelle et culturelle chez Lévi-Strauss', Ann. Inst. Philos., 1969, 59-107.

Vicente, F., & Rodríguez, J., 'La campanillá (o cencerrada): ritual nocturno de bodas (un estudio de este ritual desde la perspectiva de la Antropología simbólica)', Cuadernos de Realidades Sociales, 25-26, 1985, 111-112.

Wander, N., 'Totem, caste et parenté', L'Homme, 17, 2-3, 1977, 111-115.

Wassner, R., 'Zur Institution des Politischen bei Claude Lévi-Strauss', Kolner Zeitschrift fur Soziologie und Sozialpsychologie, 31, 1, 1979, 124-144.

Wiehl, R., 'Ragione e non-ragione nell'uomo. Osservazioni sulla teoria degli affetti in Spinoza e Freud', Pensiero, 24-25, 1984, 105-118.

Wieting, S., 'Myth and symbol analysis of Claude Lévi-Strauss and Victor Turner', Social Compass, 19, 2, 1972, 139-154.

Wilden, A., 'Freud, Signorelli et Lacan: le refoulement du signifiant', Revue de Psychologie et des Sciences de l'Education, 8, 1973, 427-464.

Wokler, R., 'Perfectible Apes in Decadent Cultures: Rousseau's Anthropology Revisited', Daedalus, 107, 3, 1978, 107-134.

Wucherer-Huldenfeld, A., 'Sigmund Freud als Philosoph', *Wissenschaft und Welbild*, 21, 2, 1968, 171-188.

Wyschogrod, E., 'The logic of artifactual existens. John Dewey and Claude Lévi-Strauss', *Man World*, 14, 1981, 235-250.

Zemlyanova, L., 'Strukturalizm i Ego Noveishiye Modifikatsiiv Sovremennoi Folkloristike SSHA', *Sovetskaya Etnografia*, 47, 6, 1972, 75-86.

Zimmerman, M., 'Lucien Goldmann: From Dialectical Theory to Genetic Structuralism', *Berkeley Journal of Sociology*, 23, 1978-79, 151-182.

Zimmerman, R. L., 'The metaphysics of Claude Lévi-Strauss' structuralism. Two views', *Int. philos. Quart.*, 27, 1987, 121-133

國家圖書館出版品預行編目

佛洛伊德與李維史陀:動力人類學和結構人類學的
互補、貢獻與不足 / Angel B. Espina Barrio 著 ；
石雅如譯. -- 一版.
臺北市：秀威資訊科技, 2005[民 94]
面； 公分. -- 參考書目：面
ISBN 978-986-7263-24-7（平裝）
1. 文化人類學
2. 精神分析論
541.3   94006074

社會科學類   AF0018

佛洛伊德與李維史陀
——動力人類學和結構人類學的互補、貢獻與不足

作　　者 / Angel.Espina 著 石雅如 譯
發 行 人 / 宋政坤
執行編輯 / 李坤城
圖文排版 / 郭雅雯
封面設計 / 羅季芬
數位轉譯 / 徐真玉　沈裕閔
圖書銷售 / 林怡君
網路服務 / 徐國晉
出版印製 / 秀威資訊科技股份有限公司
　　　　　台北市內湖區瑞光路 583 巷 25 號 1 樓
　　　　　電話：02-2657-9211　　　傳真：02-2657-9106
　　　　　E-mail：service@showwe.com.tw
經 銷 商 / 紅螞蟻圖書有限公司
　　　　　台北市內湖區舊宗路二段 121 巷 28、32 號 4 樓
　　　　　電話：02-2795-3656　　　傳真：02-2795-4100
　　　　　http://www.e-redant.com

2006 年 7 月 BOD 再刷
定價：230 元

讀 者 回 函 卡

感謝您購買本書，為提升服務品質，煩請填寫以下問卷，收到您的寶貴意見後，我們會仔細收藏記錄並回贈紀念品，謝謝！

1.您購買的書名：＿＿＿＿＿＿＿＿＿＿＿＿＿＿＿＿＿

2.您從何得知本書的消息？

　　□網路書店　□部落格　□資料庫搜尋　□書訊　□電子報　□書店

　　□平面媒體　□ 朋友推薦　□網站推薦 □其他＿＿＿＿＿＿

3.您對本書的評價：(請填代號　1.非常滿意 2.滿意 3.尚可 4.再改進)

　　封面設計＿＿　版面編排＿＿　內容＿＿　文/譯筆＿＿　價格＿＿

4.讀完書後您覺得：

　　□很有收獲　□有收獲　□收獲不多　□沒收獲

5.您會推薦本書給朋友嗎？

　　□會　□不會，為什麼？＿＿＿＿＿＿＿＿＿＿＿＿＿＿＿＿

6.其他寶貴的意見：＿＿＿＿＿＿＿＿＿＿＿＿＿＿＿＿＿＿

＿＿＿＿＿＿＿＿＿＿＿＿＿＿＿＿＿＿＿＿＿＿＿＿＿＿＿

＿＿＿＿＿＿＿＿＿＿＿＿＿＿＿＿＿＿＿＿＿＿＿＿＿＿＿

＿＿＿＿＿＿＿＿＿＿＿＿＿＿＿＿＿＿＿＿＿＿＿＿＿＿＿

讀者基本資料

姓名：＿＿＿＿＿＿＿＿＿＿　年齡：＿＿＿＿　性別：□女 □男

聯絡電話：＿＿＿＿＿＿＿＿　E-mail：＿＿＿＿＿＿＿＿＿＿

地址：＿＿＿＿＿＿＿＿＿＿＿＿＿＿＿＿＿＿＿＿＿＿＿＿

學歷：□高中(含)以下　　□高中　　□專科學校　　□大學

　　　□研究所(含)以上 □其他＿＿＿＿＿＿＿＿

職業：□製造業 □金融業 □資訊業 □軍警 □傳播業 □自由業

　　　□服務業 □公務員 □教職　 □學生 □其他＿＿＿＿＿

To：114

台北市內湖區瑞光路 583 巷 25 號 1 樓

秀威資訊科技股份有限公司　　　收

寄件人姓名：

寄件人地址：□□□

(請沿線對摺寄回,謝謝!)

秀威與 BOD

BOD（Books On Demand）是數位出版的大趨勢，秀威資訊率先運用 POD 數位印刷設備來生產書籍，並提供作者全程數位出版服務，致使書籍產銷零庫存，知識傳承不絕版，目前已開闢以下書系：

一、BOD　學術著作—專業論述的閱讀延伸
二、BOD　個人著作—分享生命的心路歷程
三、BOD　旅遊著作—個人深度旅遊文學創作
四、BOD　大陸學者—大陸專業學者學術出版
五、POD　獨家經銷—數位產製的代發行書籍

BOD 秀威網路書店：www.showwe.com.tw
政府出版品網路書店：www.govbooks.com.tw

永不絕版的故事・自己寫・永不休止的音符・自己唱